HOW I SOLD 1 MILLION eBOOKS IN 5 MONTHS!

電子書籍を無名でも100万部売る方法

ジョン・ロック［著］
小谷川拳次［監修］
細田朋希［監訳］大竹雄介［訳］

東洋経済新報社

献辞

本書執筆にあたり協力してくれた皆様に感謝の気持ちを伝えたい。特にウィンズロー・エリオット、クラウディア・ジャクソン、ケイト・マディソン、マリールス・バークスディルには、大変助けられた。

初めてのツイッター仲間であり、私の書籍ほぼすべてを編集してくれているウィンズロー。私の電子書籍を出版しており、いつも高いサービス品質で協力してくれているTelemachus Pressのクラウディアと彼女のスタッフ。私は度々Telemachus Pressを自慢するので、関係者だと思われるのだがそうではない。当プロジェクトにおいて、素晴らしい聞き役となってくれたケイト。仲間の中で最も積極的に意見をくれたマリールス。私の作家としての成功は、彼らをはじめとする世界中の素晴らしい仲間たちの協力のうえに成り立っている。素晴らしい仲間とは、親友・サポーターであるマリールスのような1000名近い読者・団体である。皆様にたくさんの幸せがあるように。心から感謝申し上げる。

【本書について】

ジョン・ロックは、2010年9月から2011年3月の6カ月の期間で、キンドルでの月間電子書籍販売数を63冊→36万9115冊に増加させた。

キンドルには8名（監訳者注：2012年6月時点では14名）のミリオンセラー作家（100万部超え）が存在するが、ジョンはインディーズ作家として初めてミリオンセラーを達成、さらにアマゾン・キンドルの総合ランキングで第1位、第2位を同時に獲得した。

また、『ニューヨーク・タイムズ』のベストセラーリストにランクイン、『ウォールストリート・ジャーナル』と『エンターテインメント・ウィークリー』にも取り上げられた。

彼は、キンドルの総合ランキング（フィクション、ノンフィクション、雑誌予約購読、ゲームアプリを含む）で、

・トップ10に4作品（うち2冊が1位・2位）

・トップ20に6作品
・トップ34に7作品
・トップ50に8作品
がランクインするという快挙を成し遂げた。


8作目の著作『ベガス・ムーン』は、出版からたった2週間で総合ランキング第3位を記録した。

2011年1月1日からの5カ月で、累計110万部もの電子書籍を売ったが、これは本業ではなく、パートタイムの時間を使って達成した数字である。代理人やPR担当を通さず、マーケティング費用は実質0円だった。

本書では、彼が考案・実践した「電子書籍マーケティングシステム」を公開する。このシステムは、世界中が注目するほどの成功を彼にもたらした。

※ドルレート、各種サービス内容は、2012年9月時点のものです

刊行に寄せて

本書は一部の読者に嫌われるかもしれない。これまでの常識を根本から覆す実践的なノウハウが書かれているからである。既存の出版方法に固執し、新しい考え方を受け入れたくない読者にとっては、嫌悪の対象にすらなるかもしれない。それだけのインパクトがある一冊だ。

著者のジョン・ロック氏は、出版社を通さないインディーズ作家（出版社や編集者を介さず電子書籍を執筆、制作、販売する書き手のこと）として世界で初めて１００万部（ミリオンセラー）を達成した。本書は、彼自身が、彼の成功の秘密を包み隠さず公開した初めての書籍である。

すべてのプロセスを自らの手で検証し、実際に１００万部達成という偉業を達成した彼の言葉には一言一句の重みがある。机上の空論ではない説得力が、そこには存在する。

ジョン・ロック氏は、全くの無名からスタートし、出版社の力を使わず、ベストセラー作家になった立志伝中の人物であり、卓越したマーケターでもある。

「マーケティングとは科学である」。彼はその言葉通りに、科学的な分析とマーケティング思考により、多くのインディーズ作家に夢を与える実績を築き上げることに成功した。しかも、この偉業をパートタイムで成し遂げたと言う。一体どのようなノウハウがあるのだろうか。実は、ジョン氏は、ベストセラー作家である前に、２つの事業を成功させた実業家でもある。

彼が自分の事業を成功させるために大いに役立ったのが、マーケティングスキルだった。ジョン氏はこのマーケティング手法を電子書籍の執筆と販売にも応用した結果、見事に１００万部を達成するという快挙を成し遂げた。これらの実績は、すべてサイエンスに基づいた結果であり、成功すべくして成功した結果なのだ。彼自身がテストマーケティングを重ねて得られたこのノウハウは、実に説得力があり、実践的な内容だと断言できる。

本書は、大手出版社に頼らないインディーズ作家にとって、成功するために必要なヒントがつまった最高の教科書になるだろう。これまで大手出版社から見向きもされず日の目を見ることのなかった書き手のための、革命を起こすための本である。

ある特定の分野で、どんな有名作家よりも〝売れる作品〟を書き、自らをベストセラー作家にするための本である。あなたが〝売れる電子書籍〟を書きたいなら、ぜひ本書の内容を愚直に実践してみてほしい。世界最強のインディーズ作家から、その答えを学べるはずだ。

ジョン・ロック氏への連絡は突然だった。ある日、いきなりメールを送りこう聞いたのだ。「あなたの本を日本で紹介させてもらえませんか?」

彼は世界的に活躍する人物である。正直、無理ではないかと思っていた。しかし、そうと決めつけずに頼んでみるものだ。なんと数日後に彼の代理人からメッセージがあった。しかも、日本での公開を快くOKしてくれるという。

様々な意味で未曾有の危機に立たされている日本を応援する気持ちもあったのかもしれない。本書は間違いなく、これから電子書籍でベストセラーを生み出したいと願う方々にとって、最高の一冊になるだろう。

ここで、電子書籍に関するいくつかの基本的な情報を事前にお伝えしておきたい。

まず、電子書籍先進国であるアメリカの市場動向についてご説明しよう。アメリカでは2007年11月に、アマゾンから第一号の電子書籍デバイスとして、「キンドル1」が発売された。その後、進化を重ね、3G回線、Wi-Fiの両方に対応した「キンドルタッチ」が標準モデルとなる。

すでに米アマゾンでは、2011年までにハードカバーとペーパーバック部門において、電子書籍の販売数が紙書籍を上回る〝逆転現象〟が起きている。キンドルはデバイスの持ち運びやすさ、読みやすさなどが支持され、一気に普及した。そして、その普及を支えているのが、アマゾンのキンドルストアだ。

キンドルストアでは、紙書籍と同じように、電子書籍を買うことができる。現在、アメリカでは誰もが出版社を介さずに電子書籍を販売することができ、実際にインディーズ作家が数多く誕生している。仮にキンドルを持っていなくても、専用のアプリを入れれば、パソコン（Windows、Mac）はもちろんのこと、iPad、iPhone、Androidといったスマートフォン等で、購入した直後から電子書籍を読むことができる。アマゾンのキンドルストアは、日本国内でもインディーズ作家の販売プラットフォームとして大きな期待が寄せられている。

本書の内容が、なぜ日本でも応用可能なのか。

本書で語られていることは、「読者と信頼関係を築き、電子書籍を販売する」という、いわばビジネスの〝原理原則〟に基づく方法論なのだ。そのため、時間の経過や時代の変遷にかかわらず、普遍的に通用する内容になっている。そのため、ジョン氏が成功を収めたアメリカ市場のみならず、日本市場でも応用可能であると言える。

一過性のテクニックではないので、今後数十年にわたって活用することができ、同時に、この本には副次的なメリットとしてジョン氏のマーケティング的な発想を学ぶことで、営業力やマーケティング力も高められる。

本書は、大きく分けて3つのパートに分かれている。まずPART1では、電子書籍の可能性について言及している。次に、PART2では電子出版の成功に必要な「4つの鍵」を紹介している。そして最後となるPART3では、電子書籍を100万部売る方法を、ステップ別に具体的に解説している。

お薦めとしては、まず一気に最後まで読み、全体像を把握していただきたい。次に、PART2、PART3をじっくり繰り返し読み返す。そして、PART3に沿って実践を開始する。本書は、入念な監修を行い、実践的な書籍を目指した。読んだ後すぐに実践でき、手応えを体感できるような本に仕上げたつもりだ。常に机の上やカバンに入れておき、気付いた時に必要な箇所を読み返せば、内容が頭にすり込まれ、成果が出やすくなる。

ご自身のコンテンツを電子書籍という形でたくさんの人に届けたい作家、漫画家といった表現者はもちろん、起業家、インターネットビジネス実践者、コンサルタント、コーチ、セラピスト等のビジネスパーソン、さらに、士業、学者、先生、教授、医師等の専門家、そして、副収入を目指すビジネスパーソン、主婦、大学生にも読んでいただきたい。

今後は日本市場でも電子書籍の普及に伴い、ベストセラー作家が生まれるだろう。そのチャンスが、すぐ目の前に来ている。本書を手にしたあなたには、その波に乗り遅れないようにしてほしい。入念に準備して、必ず先行者利益を手にしてほしい。それは簡単な道ではないかもしれないが、挑戦する価値はあるはずだ。本書があなたの成功にとって、空高く輝く北極星のような道しるべとなることを願ってやまない。

2012年10月

監修者　小谷川 拳次

HOW I SOLD 1 MILLION EBOOKS
IN 5 MONTHS!
CONTENTS

電子書籍を無名でも100万部売る方法——目次

PART2
成功の4つの鍵

HOW I SOLD 1 MILLION EBOOKS
IN 5 MONTHS!
CONTENTS

PART3

電子書籍を自力で100万部売る方法

BOOK DESIGN
高橋明香（おかっぱ製作所）

PART1

キンドルで電子書籍を100万部売った男の物語

インディーズ作家のリベンジ

学生の頃から、私はさえない人間だった。目立たない存在で、いつも教室の隅にいた。大人になった私は、本を執筆し、出版ビジネスの世界に飛び込んだ。しかし早い段階で、ハードカバーやペーパーバックの土俵では、プロの作家に勝ち目がないと気づいた。

プロ作家は、新聞広告、マス広告、多数のレビュアーを抱え、書籍を流通させる力のある大きな出版社と契約を結ぶ。私のようなインディーズ作家（監訳者注：本書では、出版社や編集者を介さず電子書籍を執筆、制作、販売する著者を指す）は、同じようなマーケティングのチャンスは与えられない。さらに、そもそも紙の書籍を出版する資金がない。競争したくとも、すでにファンを多数抱えているプロ作家と戦うのは無謀だった。

拙著の中で、登場人物にこう語らせた。

「相手が戦いたい方法では、決して戦うな」

長い間、インディーズ作家は、厳しい出版環境に置かれてきた。当然、利益も上がらず、作家として生計を立てるのは困難だった。大手メディアは、常に「自費出版など上手くいくはずがない」「できるわけがない」と言い放ってきた。それと同時に多くの可能性が消えていった。それでも出版をしようとする者に対しては、「うぬぼれ出版」というレッテルを貼った。

メディアは、インディーズ作家を蔑むことによって、自分たちの地位を確保してきた。彼らは「インディーズ作家は、単に見栄を張っているだけだ」と言う。しかし、はっきり言おう。

そのような馬鹿げた考え方は、一部のメディアが作り上げた偏見に過ぎない。その証拠に、私が他のビジネスをはじめた時、誰も文句を言う人間はいなかった。ビル・ゲイツとポール・アレンが、コンピューター開発のために時間と多額のお金を投資した時、誰も無価値な行動だと非難しなかった。

しかし、書籍を執筆しようとしたなら、彼らは批判にさらされただろう。出版業界の一部の人間は、自分たちの既得権益を守るために新規参入を拒み続けてきたのである。しかし、ついに変革の時が訪れた。

電子書籍は、インディーズ作家にチャンスを与えてくれる。事実、電子書籍はプロ作家とインディーズ作家の立場を逆転させた。電子書籍の出版を行うには、少ないコストで済み1冊99セント（約80円）で販売することが可能だ。そして、1冊売れるごとに35セント（約28円）の利益を受け取れるのだ。

これまでにない新しい出版が可能になったのは、なぜだろうか？　それは、電子書籍リーダー（キンドル、iPad、スマートフォンなど）が登場したからである。

これらのデバイスは、スタイリッシュで電子書籍を読むのに最適だ。もし、あなたがまだ電子書籍リーダーを持っていなかったら、ぜひ購入してほしい。それは有益な投資になるはずだ。

少し時間をとって、あなたが今後どのような電子書籍体験をするのか、一緒に想像してみよう。電子書籍リーダーを買ったら、当然、本を探すことになる。電子書籍ストアを見れば、無料の書籍、有名な作家の著書を含め、たくさんのコンテンツが並んでいる。プロ作家のタイトルは、９・95ドル（約８００円）から14・95ドル（約１２００円）ぐらいが一般的だ。あなたは、プロ作家が書いた世間でよく売れているものを選ぶかもしれない。しかし、結構な金額だし、何冊も買いたくないかもしれない。

電子出版の面白さはここからである。

一方に、１３８のレビューがあり、６割がポジティブな評価の９・95ドルの本がある。もう一方に、１３８のレビューがあり、８割がポジティブな評価の99セントの本がある。あなたはどちらを購入したいだろう？

同じような内容であれば、あなたは９・95ドルの本より、99セントの本を選ぶだろう。１冊の本を買う金額で、10冊の本が購入できるのだから。同様に、多くの読者がこう考える。

「この作家のことは知らないけど、たった99セントだし……」

この瞬間、インディーズ作家とプロ作家との立場が逆転する。

プロ作家が自分の本を99セントで売ることは難しい。なぜなら、彼らが契約している出版社はすでに多額のコストをかけており、簡単に安売りすることができないからである。

有名な著者や大きな出版社にしかできなかったことが、インディーズ作家に可能になったのだ。世界は変化を始めている。

私が特別だったのではない。電子出版を始めたのは、ほんの1年前だし、私は無名作家だった。つまり、誰にでも実現可能なのだ。

「新しい出版」のかたち

本書では、私が実際に活用しているマーケティングシステムを解説する。このシステムを使うことで、私は「アマゾン・キンドルベストセラーリスト」のトップになったのだ。私がここに来るまでには、専門家が薦めるマーケティング手法をすべて試し、悲惨な失敗を繰り返してきた。

２０１０年10月、先月（9月の1カ月）はたった16冊しか売れなかった電子書籍『Saving Rachel』発売にあたって、ブログ記事を投稿した。

当時のブログ記事を紹介しよう。

発信したいことがある人たちへ

投稿日時：２０１０年10月26日

私はあなたのことを応援している。あなたは、出版ビジネスの未来を担っているのだ。現在、出版業界では大きな変革が起きている。もちろん、まだまだ過去にしがみついている者達はいる。時代の流れについていけない人々も存在する。過去、ＩＢＭはマイクロソフトをタダ同然で買収する機会を逃したし、マイクロソフトはアップルを買収するチャンスを棒にふった。デッカ・レコードはビートルズをオーディションで落選させ、「ビートルズには未来がない」とまで言い切った。

私はあなたに、この大きなチャンスで成功してもらいたいと願っている。そのために、なぜインディーズ作家が〝出版ビジネスの希望〟なのかを説明しよう。

２０１０年７月、アマゾンは電子書籍が紙の書籍より約40％以上も売れていることを発表した。電子書籍は安く、環境に優しく、書店に出向く必要がなく、即ダウンロードでき、送料もなく、重くないし、出掛ける時には数百以上の電子書籍を持ち運べるというシンプルな理由がそこにはある。

ご存じの通り、インディーズ作家とプロ作家が競うことはこれまで有り得なかった。

数十年前、私たちはレコード店で１ドルを払い、２分強の曲が収録されたレコードを買っていた。それから約50年が経ち、あなたはたった99セントで『Saving Rachel』の電子書籍を購入できるのだ。

それは、キンドルやiPadをはじめとする電子書籍リーダーによってである。これらのデバイスは、世界中に普及してきており、読者はすすんでインディーズ作家の電子書籍を購入している。電子書籍を購入した読者から、様々な意見やコメントをもらってきたが、どうやら彼らは〝新しい才能の発見〟を楽しんでいるようだ。従来の出版であれば、彼らはインディーズ作家の書籍には見向きもしなかっただろう。しかし、今、彼らは躊躇なく私の電子書籍を購入している。それは私の電子書籍が99セントと、非常に試しやすい価格だからだ。

同様に、電子書籍の読者は、あなたにチャンスをくれる存在である。もちろん、しっかりした内容を書く必要はある。だが、あなたがしっかりした内容のコンテンツを書きあげたのであれば、「価格」を武器にベストセラーへの第一歩を踏み出せる。

拙著『Saving Rachel』は、今は出版社に見向きもされていないが、近いうちに注目されるだろう。なぜなら、爆発的に売り上げが伸びているからだ。他にも新作を続々とリリースする予定である。

普段、このような売り込みじみた投稿をすることはない。

だが、この時私は、電子書籍業界で変化が起きていること、そして、これから起こる「電子書籍革命」の一端を担う気持ちがあることを明らかにしたかったのだ。同時に他の記事も投稿し、8カ月で4冊の電子書籍をそれぞれ99セントで提供した。

この記事を投稿した前日に、新しいマーケティングシステムを動かし始めていた。それまで、前の月の売り上げと言えば、たったの16冊。それが、わずか2カ月でチャートトップに並ぶに至った。正直想定外で、ここまでの成果が出るとは思っていなかった。

最大の秘密

電子書籍の売り上げ数は爆発的に増加していたが、当時、私はその方法を公表しなかった。代わりに、必死に続編を書いていた。多くの読者が私の本を買ってくれていたし、彼らが作品を気に入ったなら、続編も同じく求めるだろうと踏んだからである。大勢の人が商品を欲しがっているのに、売るものがないことほど恐ろしいことはない。

２０１１年３月中旬までに、キンドルのベストセラーリストには、私の出版した７冊すべてがランクインした。しかも、そのうち２冊が、総合ランキングで１位と２位を独占した。３月末ごろには８冊目が載り、５月には９冊目を出版、どれもアマゾンのキンドルベストセラーリストに入るヒットを記録した。

今、あなたが読んでいるのは、私の10作目にあたる作品だ。本書は、私がベストセラーリストに載るまでの方法を伝授するために執筆した。そこには大ヒットを引き起こすトリガー、ポテンシャルを最大化させるマーケティングシステムが存在する。少しの労力で、あなたも同じような売れる仕組みをつくれるだろう。

まず、私が構築したマーケティングシステムの最も特徴的な部分から紹介しよう。それが「読者の信頼を得る方法（Loyalty Transfer）」だ。真面目な話、「読者の信頼を得る方法」というコンセプトだけでも1万ドル（約80万円）の価値がある。

成功体験も失敗体験もすべて書くつもりだ。

この方法に辿りつくのに、膨大な時間とコスト（軽く見積もって2万5000ドル（約200万円）以上）、手間をかけて、山ほど失敗を繰り返してきた。

実は、このマーケティングシステムを考え出した当初は、誰にも言わず秘密にしていた。理由はいくつかある。まず、システムは始動させていたが、その時点での売り上げはまだ不十分で、伝えても感動させられないだろうと思ったからだ。

そして当然、ライバルを増やしたくなかった。ライバルが増える前に、100万部を達成したかったのだ。さらに、評論家たちの「ジョンが成功したのは、安売りとキンドルリーダーの販売時期が大型連休にぶつかったからという偶然に過ぎない」という意見が、間違っていることを証明するためでもあった。

彼らの間違いを証明するため、こんな試みを行った。

キンドルのカテゴリーを調べたところ、ウエスタン小説が最も売れていないジャンルであることが分かった。私のマーケティングシステムが本当に有効であるなら、ウエスタン小説であっても売り上げ1位を狙えるだろう。そう思い、早速ウエスタン小説を執筆することにした。

リリース後、ほんの2週間でキンドルベストセラーリストにランクイン、すぐに続編をリリースし、同じようにヒットを記録した。その週のベストセラーリストを見ると、ウエスタン小説は私の2作品以外はなかった。つまり、マーケティングシステムが例外なく効果的であることが証明されたのだ。

以上の理由から、本書の内容は誰にも話さずにきた。せっかくなら高額セミナーで教えることも考えた。だが、そうしなかった。私と同じようなインディーズ作家の支援をしたかったからだ。あなたには、私のように多くのコストをかけずにチャンスを掴んでほしい。

本書のたった1つの目的

本書では、私が「5カ月で100万部以上の電子書籍を売った方法」をあますことなく公開した。無駄なことは一切書かず、最も重要なポイントだけを厳選した。あなたも机上の空論で何百ページも埋め尽くされた本より、読んだ瞬間から使える実践的なノウハウを読みたいはずだ。

電子書籍を出版するためには、数百ページの原稿を用意する必要がある、と思い込んでいるかもしれない。しかし、そんな必要はない。

電子書籍の出版は、紙の書籍とは大きな違いがある。本書を通して生きた実例を見せよう。

本書の目的は1つしかない。

あなたに電子書籍出版で成功してもらうこと。これに尽きる。そのために、成功に近づくためのマーケティングシステムをすべて提供しようと思う。しっかりとした統計と結果に基づく方法論なので、私の場合と同様の効果が期待できるはずである。

私は21歳の頃、ある会社で保険の販売代理業を行っていた。車を持っておらず、アパートには電話もスーツもなく、電気も通っていない状態だった。しかし、マーケティングシステムを構築し、22歳で取締役、23歳で副社長になり、28歳で大きな富を築いた。そして、35歳を前に保険会社を買収するまでになった。さらに、販売代理システムをつくり、6700名もの代理人を集めることができた。10年後、この会社を売却し、個人投資家として活動してきた。本書を執筆している時点で、私は16の成功した事業を運営している。そして、２年前から空き時間を使って小説を書き始めた。

このエピソードを紹介したのは、マーケティングシステムの重要性と、私がプロの作家ではなく全くの無名作家だったことを知ってほしかったからだ。大切なことは、がむしゃらに働くことではない。「仕組み」を作り上げることが、成功への最短ルートなのだ。

マーケティングシステムを構築したら、あとはコンテンツを執筆するだけだ。これで、あなたの成功スピードは何倍にも早まるだろう。

よくある質問

私はこれまで、電子書籍販売者や作家から多くの質問を受けてきた。そこで、よくある質問をここにまとめた。

Q. 電子出版、紙の自費出版、出版社への持ち込みで迷っています。

まずは、電子出版にすべきだ。紙の自費出版は多額の費用がかかるし、出版したからといって売れる保証はどこにもない。出版社への持ち込みをする場合も、いきなり持ち込んだところであなたの企画が通ることは稀だろう。時間やコストを無駄にしたくないのなら、その時間を原稿執筆にあてるべきだ。

電子書籍を出版する過程で、あなたの読者はどんな人たちなのかが見えてくるし、インターネット上で直接つながることができる。これこそ最大の財産なのだ。

もちろん、紙でのインディーズ出版や出版社への持ち込みを否定しているわけではない。どちらにせよ、ファンを抱えた状態の方が、上手く進みやすくなるのは間違いない。ファンを得るために、最も良い方法が電子出版だ。

Q. 自分の本の内容に自信が持てないのですが……。

心配する必要はない。それこそ時間の無駄だ。誤解を恐れずに言うなら、電子書籍にとって必要なのは「上手さ」よりも「インパクト」だ。

そもそも、素晴らしい書籍とは一体何か？　それは各個人の主観に依存する。あなたの書籍は、世界中の誰もに認めてもらう必要はない。特定の読者に届き、満足してもらえれば良いのだ。上手な文章を書けるのは、私だろうか？シェイクスピアだろうか？　もちろんシェイクスピアだ。しかし、読者がバカンスへ出掛ける時、誰の書籍を持っていくだろうか？　それは私の書籍である（シェイクスピアが書いたのは、本ではなく戯曲である）。たとえば、マクドナルドは世界一美味しい料理だろうか？　もし違ったとしたら、彼らは自分たちの料理を恥じるだろうか？　変わらず自信を持ってお客さんに提供し続けるだろう。

電子出版では、作家がビジネスパーソンとしての顔を持つ必要がある。素晴らしい書籍とは、より多く売れる書籍のことである。

書籍が売れれば売れるほど、内容はさらにブラッシュアップされ、良くなっていく。あなたも成長していくのだ。その第一歩を「自信がない」とためらっていては何もはじまらない。心配はいらない。あなたが電子出版を重ねれば重ねるほど、良い作家になっていく。本書のやり方を実践すれば、あなたは読者からフィードバックを得ることができ、あなたの作品はより魅力的になるだろう。

Q. 文章を学ぶために専門学校や講座に通うべきですか？

それは、あなた次第だ。私は専門学校に通ったことも、セミナーに出席したこともない。多くを知り過ぎることで、独創性が失われるのではないかと恐れたからだ。講座に通うかどうかは、あなた次第だ（監修者：文章や物語構成のテクニックを学ぶのと同時に、マーケティングや販売心理学も学ぶことをお薦めする）。

あなたは、世界一の小説家になりたいのか？　それとも、世界一のベストセラー作家になりたいのか？　答えが後者なら、本書があなたの答えとなるだろう。

Q. 小説家になるために、どのようなことをしましたか?

30年前、私はマーケティング関連の書籍を書いたことがあるが、小説は2年前に初めて書いた。私は小説を書くテクニックを何も知らない。編集についても分からない。何も専門的に学んでこなかった。そして、それで何の問題もなかった。

成功した時、それが業界のスタンダードになるのだ。私の小説が売れる前までは、「未熟で生意気な作家」という目で見られていたが、今では「素晴らしい、天才的な物語作家」と言われている。同様に、あなたも経験豊富な作家や偉大な作家である必要はない。売れれば売れるほど、あなたの評価は自然と高まっていくだろう。

Q. 電子出版すれば、必ず成功できますか?

それは約束できない。電子出版は、ビジネスとして考える必要があり、あなた自身が売る努力を惜しまないのなら、成功確率は高まるだろう。電子書籍が売れることを、自分で信じる必要があるのだ。

私が拙書『Saving Rachel』をある作家と編集者に送った時、「これまで見た中で、最悪の本かもしれない」、「この本は絶対に売れないだろうね」と言われた。

しかし、そのような意見に惑わされず、電子出版することを決めた。それ以来30万部以上が販売され、『ウォールストリート・ジャーナル』に取り上げられたほか、『ニューヨーク・タイムズ』のベストセラーリストにも載った。もし私が彼らの言うことを真に受けていたら、私は無名のままだったし、本書を執筆することもなかっただろう。

あなたが成功を目指す時、それを邪魔しようとする者は必ずいる。私からのアドバイスは、「自分を信じること」である。

Q. あなたはどうやって成功し、自信を得たのですか？

原稿を書き終えた瞬間、私は成功したと確信した。多くの作家は、出版社に認められ、本が出版されるまでは成功したとは思わないだろう。他人に成功をコントロールされるのは、自信の欠如になる。自信とは、自分で意識して持つものなのだ。

あなたが自信のない状態で本を書けば、それが読者に伝わり、あなたは信頼してもらえない。自信を持って書けば、支持者は自ずとついてくる。

Q. あなたから意見をもらえないでしょうか？
もしくは、レビューや告知を手伝ってもらえませんか？

申し訳ないが、それはできない。なぜなら、私にはそれをするだけの時間がないからだ。もし本書が1万部売れて、すべての読者が私に同様の依頼をしてきたらどうなるだろうか。

私はあなたを応援している。この気持ちには偽りがない。レビューとプロモーション方法はPART２でお伝えする。

Q. なぜ99セントで販売したのですか? 安くしないと売れないのでしょうか?

私の読者対象には、その価格帯が最も売りやすかったからだ。高い金額設定にした方が売れるジャンルもある。すべては読者対象との兼ね合いである（監修者：たとえば、マーケティングやノウハウものなどビジネス寄りの内容であれば、ある程度高額な価格帯でも売れるだろう）。

Q. これまで、値上げをしたことはありますか?

ある。しかし値上げをする場合においても、私の大切なファンのために、2～3週間は友情価格で提供する。なぜなら、私は彼らにお世話になっているし、これによって感謝の気持ちを伝えられるからである。

Q. 本がベストセラーになるのはどんな気分ですか?

最高だ。あなたにもぜひ味わってほしい。

Q. 作家としてフルタイムで活動したのですか？

ノーだ。どれだけ執筆する時間がなかったか、愚痴を言いたいぐらいだ。

Q. 大手メジャー出版社に話を持ちかけられたことはありますか？

もちろんある。しかし、他人のために働くのはどうも性に合わない。

Q. 本書のシステムを使えば、成功できますか？

もちろんだ。しかし、私以上に一所懸命にならなければならないかもしれない。この点はハッキリさせておきたいが、私は作家の経験はなかったが、スピーチとセールスの経験はあった。

だが、スピーチを始めた時は、本当に酷かった。最初は恐怖で足が震えたものだ。同様に、執筆する決心をした時も怖かった。

きっとあなたも同じような恐怖を覚えるかもしれない。しかし、執筆を続けることで恐怖心は消えていくし、あなたのスキルも高まっていくだろう。

Q. 作家として成長するために何をしましたか?

出版関係者に依頼し、自分の強みと弱みを分析してもらった。スポーツ選手のトレーナーのようなものだ。コストとして2000ドル（約16万円）がかかったが、自分を客観視するためにも必要な投資だった（監修者：ここで注目してほしいのは、執筆方法や作品に口出しをする編集者を雇ったのではなく、自分の強みと弱みを分析する専門家を雇ったことだ。ビジネスにおける経営コンサルタントのような存在である）。

Q. 専門家に依頼する余裕がありません……。

問題ない。あなたの強みと弱みを知る方法は、本書に書かれている。私の経験はすべて共有したいと思っている。ここではそのうちの1つを紹介しよう。

分析結果が出た時、全19ページのレポートで、うち私の強みは2ページしかなかった。その結果を見ても、私は動じなかった。なぜなら、最初から「偉大な作家」になろうとはしていなかったからだ。あくまで私は「インパクトのある作家」になりたかった。
だから、1万人のファンを獲得することに力を注いだのである。
あなたの疑問は解決しただろうか。

出版マーケティング7つのウソ

「アメリカンアイドル」(アイドルのオーディション番組)がなぜ成功したか知っているだろうか? 理由の1つに、視聴者に対して、まず失敗したオーディションを見せているからだ。本書でも、まずは失敗談からお見せしよう。

これまで常識とされてきた「出版マーケティング」にまつわる7つのウソについて明らかにしたいと思う。

1. 出版マーケティングについて外部の人間に聞く
2. 書店マーケティング
3. 新聞取材
4. PR担当者を雇う
5. プレスリリース
6. ラジオインタビュー
7. 広告宣伝

これらは、一般に紙・電子問わず書籍を出版したら、行うべきと言われている方法だ。一見、効果があるように見えるだろう。だが、私はこの常識を信じてしまったがために膨大な時間と2万5000ドル（約200万円）以上のお金を無駄にした。良いことは何もなかった。強いてあげるとすれば、何が上手くいかないのかをはっきり学べたことぐらいのものだ。

それでは1つずつ見ていこう。

1．出版マーケティングについて外部の人間に聞く

小説を書き始めた当初、私には出版のマーケティング経験がなかった。他の商品・サービスを売ったことはあったが、その分野の専門家よりも上手くできるというおごりが私にはあったので、従来の販売方法を一年間を費やして実行してみた。しかし、それらは1つとして上手くいかなかった。

専門家やコンサルタント、マーケターに助言を仰ぐことが無駄だと言っているわけではない。彼らの言うことを鵜呑みにして、他人任せにしているようでは上手くいかないということだ。

電子書籍販売という新しい分野において、「正しい答え」を持っている専門家は皆無と言っていいだろう。私が100万部の電子書籍を売ったのは、誰かの助言によるものではない。だからまず、自分で試してみることが一番の近道なのだ。本書ではその指針を提供する。

2. 書店マーケティング

書店は、インディーズ作家の本を棚に置きたくないのが普通だ。書店のスペースは、大手出版社の抱える一般書籍でいっぱいになっている。

私は運良く地元の書店に数冊の本を置いてもらうことができた。しかし、売り上げには全くつながらなかった。その本は今頃返品されているだろう。

3. 新聞取材

新聞取材は、非常に効果的だ。だが、1つ問題がある。それは、そもそも新聞の取材を受けられないことだ。私は何百もの新聞社にコンタクトをとったが、一度も取材を受けられなかった。私からいくらアプローチしても無駄だったにもかかわらず、『ウォールストリート・ジャーナル』に小説が取り上げられた途端、新聞社から私に取材依頼が来た。この違いは大きい。

新聞取材は、運に左右されることもあり、再現性があまりない。アプローチにかける時間と手間が無駄になるのだ。ならば、電子出版で有名になり、向こうから連絡させるようにした方が手っとり早い。

4．PR担当者を雇う

私は一時期、有能なＰＲ担当者を雇っていたことがある。トータルで７５００ドル（約60万円）以上の報酬を支払い、彼もそれに見合う働きをしてくれた。彼は、何万ものプレスリリースを発送し、新聞、ラジオなどにアプローチをかけた。

彼の働きのおかげで、いくつかの良いレビューを書いてもらえたし、５つのラジオインタビューも決定した。しかし、これらのことは、少しも書籍の売り上げに結び付かなかった。

5．プレスリリース

これまで10万通を超えるプレスリリースを送付したが、１つの返答も得られなかった。しかし、これには後日談がある。

私の小説がキンドルで1位を獲得した1年後、出版社が私の居場所を突き止めようと、膨大な問い合わせをPR担当者へ送りつけてきた。彼との契約は終了していたのだが、出版社は私たちが送ったプレスリリースを見て、コンタクトをとってきたそうだ。

非常に特殊だが、こういったケースも存在するので、プレスリリースが全くの無駄とも言い切らないでおこう。

6. ラジオインタビュー

多くの人がラジオインタビューを好きなことは知っている。しかし、私はラジオインタビューが好きではない。

なぜなら、ラジオパーソナリティが私の本を読んでいることは稀だし、電話インタビューだと声が聞き取りづらく、なすがままになってしまうからである。

彼らは常に似たような番組進行を望み、時間の無駄になることが多い。

あるラジオパーソナリティは、番組前に5、6個の質問を送ってきた。私はその回答の練習をするのに2時間費やしたにもかかわらず、それらの質問には一切ふれられなかった。代わりに、タイガーウッズの愛人問題について意見を求められた。

ラジオ関係者達は、フィクション小説に興味がある何千ものリスナーを抱えていると主張するが、私は信用していない。

車の中にいない限りトークラジオを聞いたことがないし、書籍の名前が聞こえてきてもそれをメモすることはまずない。

私の経験から言えば、5分のラジオインタビューで書籍が売れる確率はゼロである。なぜなら、私が合計5本のラジオインタビューを受けて売れた書籍数がゼロだったからだ。

ラジオインタビューは、ノンフィクション書籍に向いていると考える。

7. 広告宣伝

広告宣伝に関しても、私は考えられる限りのことを試した。これは紙の書籍を出版した時の話だが、地元のショッピングモールにある書店（Borders Bookstore）の前に巨大な広告スペースを借り、素晴らしい書評とともに書籍の写真を掲載した。書店の前で広告しているのだから、当然書店は私の本を入荷するとばかり思っていた。

しかし、書籍は置かれず、顧客から注文が入っても拒否すらした。せっかく私が書店に人を集めても、彼らは売る気が全くなかった。そこで、書店のマネージャーに無料で10冊分を進呈すると申し出たが、それでも拒否された。

広告は数カ月にわたりショッピングモールに掲載されたが、私の書籍は1冊も売れなかったのである。

次に、ウェブサイト（HARO/Help a Reporter out）の広告枠に1500ドル（約12万円）を投じて出稿した。ウェブサイトは、「この広告枠は、最も費用対効果が良い方法だ」という売り文句で宣伝している。その売り文句を信じ、広告を掲載してみた。

どのぐらい売り上げが上がるか、夜も眠れないほど期待していたが、結果は完全な失敗だった。ここでも1冊も売り上げがなかった。

それでも懲りず、映画館の予告枠に何千ドルも投じ、私の小説『Saving Rachel』を告知した。予告編を作成して、18の映画館で『Ironman II』のプレミア上映を含む、2週間のあいだの全てのR指定映画の前に上映した。予告編は2万人に見られたし、内容も非常にカッコよくブランディングにも寄与したと思う。だが、これも書籍の売り上げには全く貢献しなかった。ビジネス的に考えるならば、予告動画は道楽であり、必須ではない。

成功に必要なもの

ここまで、7つの誤ったプロモーション方法を見てきた。

今だから言えることだが、当時は本気で効果が出ると信じていた。この結果を踏まえれば、あなたは私のような無駄な努力も、無駄な出費もする必要はない。

では、成功の秘訣は一体何か？

それは「特定の読者に向けて執筆し、彼らを集客すること」だ。この一言に成功の本質が凝縮されている。私は成功の秘訣を教えるために、本書を執筆している。もう一度繰り返す。

「特定の読者に向けて執筆」し、「彼らを集客する方法」が分かれば、自ずと成功できるのだ。

ＰＡＲＴ２では成功に必要な鍵となる要素を解説していく。

それでは早速はじめよう。

PART2

成功の4つの鍵

ＰＡＲＴ２では成功に必要な「４つの鍵」について解説する。非常にシンプルだが、それゆえ強力だ。いずれも本書を読んだ瞬間から実践できることなので、ぜひチャレンジしてみてほしい。

それでは早速紹介しよう。私が１００万部の電子書籍を売るために必要だった４つの鍵はこれだ。

電子書籍　成功の鍵

第１の鍵：計画を立てる

①書籍コンテンツ執筆計画

②書籍コンテンツマーケティング計画

第２の鍵：あなたの読者対象を知る

①読者対象に向けた執筆
②読者対象にブログを書く
③読者対象へのメール
④読者と信頼関係を築く

第3の鍵：ビジネスアプローチ

①本の書き方、出版方法、価格設定
②本と登場人物をブランディングする
③書籍コンテンツを「従業員」と考える
④利益を最大化するための方法

第4の鍵：ツールを活用する

①電子書籍
②ウェブサイト

③ツイッター
④ブログ

あなたは「こんなこと、もう知ってますよ!」と思ったかもしれない。だが、それは間違いだ。これから私が話すことは、決して聞いたことがないはずだ。あなたは「真のブログ活用術」を知っているだろうか? たった550ワードのブログを書くことで、一夜にして人生を変えることができるだろうか? おおげさに言っているのではない。私は文字通り、一夜にして人生が変わったのである。

しかし、ここで焦らないでほしい。ステップを1つずつ行わないと、システムは正しく機能しないのだ。

あなたが勘違いしていること

あなたが電子書籍を販売していると仮定する。

「頑張って書いたのにコンテンツが売れない。内容はしっかりしているのになぜ？」

そんな状況になった時、私は何が間違っているのかを正確に指摘することができるだろう。次の４つのうち、いずれかにあてはまるはずである。

・執筆計画を立てていなかった
・マーケティング戦略がなかった
・誰が自分の読者対象なのか知らなかった
・誰が自分の読者対象なのか、調べる方法が分からなかったこのような状況で成功したいなら、方法は1つしかない。偶然に賭けることだ。だが、幸運なことに、私はあなたの問題を解決することができる。

必要なツール

電子書籍、ウェブサイト、ツイッター、ブログを持っているだろうか？持っているなら非常に良い。持っていない場合は、すぐに持つようにして、効果的な活用方法を知る必要がある。これからあなたがすべきことを、順を追って見ていこう。

執筆・マーケティングの計画立案

ベストセラー本を書くのに最も良い方法は、執筆前にあなたの読者が誰か、そして彼らが何を望んでいるのかを知ることである。あなたは前もって、自分の読者について知り尽くすべきである。ほとんどの著者は、この重要な作業を後回しにする。

「読者対象」や「ターゲットマーケティング」といったことを考えたこともないので、彼らは一か八かでヒットを願うしかない。こんな想像をしてみてほしい。1発の弾丸で2万のなかから当たりの対象にヒットさせることは可能だろうか?……それは、ほぼ不可能である。しかし、ほとんどの著者は、同じことをコンテンツ販売で行おうとしているのである。完全に手当たり次第の、でたらめな方法であることが分かってもらえただろうか。

もう少し具体的に、本書を例にあげてみよう。私は本書の執筆を始める前から、すでに読者が誰であるかを知っていた。それは「あなた」である。つまり、「インディーズ作家」「紙の書籍を出版したことのない作家」「電子書籍に興味がある人」「電子書籍の執筆を始めた人」「電子書籍の売り方を知りたい人」。

あなたは、必ずいずれかにあてはまっているはずだ。私は読者が誰かを知っているので、あなたが何を欲しているのかも知っている。あなたは、ベストセラー作家になりたい。間違っていないはずだ。さらに、市場の大きさも知っている。アメリカだけでも、70万人のインディーズ作家が存在する（監修者：日本にも、個人で素晴らしい漫画、小説、ノウハウ本、ビジネス書を書く人たちが大勢いる）。

それを踏まえれば、本書をどれほど売りやすくなるか、分かるだろうか。あてずっぽうで執筆しているのではなく、インディーズ作家にフォーカスして書く。私がすべきことは、たくさんのインディーズ作家を見つけ出すことだ。

このように、あなたも読者が誰なのか理解してから執筆をスタートさせるべきである。

執筆を始めている場合

世界中のインディーズ作家達は、目的を持たずに執筆をしている。自分の読者が誰であるのか、誰が自分の作品を読むかを知らないのである。もしかしたら、すでに原稿を書き溜めているかもしれない。だが、そういう場合でも心配はいらない。今から、あなたの読者がどんな人たちなのかプロファイリングをしてみよう。

・原稿を読み返し、どんな読者に対して書いているのか考える
・原稿を知人・友人に読んでもらい、気に入る人の共通点を見つける
・あなたの本を気に入る人は、なぜ気に入ったのかを考える
・特定の章や場面について質問する。たとえば、「お気に入りのシーンはどこ？　なぜそこを気に入った？　そのシーンを読んで、あなたはどんな気持ちになった？」「感動したシーンはあった？　どんな風に感動した？」「1章と2章のどちらが好き？　それはなぜ？」
・あなたが扱うジャンル・テーマがどういった人々にウケるのか、彼らは他にどのような書籍を気に入っているかを調べる

今はインターネットという便利なツールがあるので、ブログやソーシャルメディアに原稿の一部を掲載することで、同じ効果が得られる。大変だと思うかもしれないが、のちのちあなたの財産になっていくので避けて通らないでほしい。

「特定の読者」を探す作業は、ノンフィクションの世界では当たり前のように行われている。「ゴルフ練習」の本に、アイススケートの話題は出てこない。作者は、自分の読者が「ゴルフを上達させたい人」だということを知っているので、当然、読者が満足する内容を執筆できる。

イメージは掴めてきたはずだ。フィクションを執筆する場合も、同じような過程を経てほしい。本書を読んだ後、あなたの行動はすべて「目的」を持っているはずだ。「目的」とは、あなたの読者対象を見つけ、彼ら・彼女らに向けて執筆し、一度だけの購入ではなく生涯にわたるファンに育てていくことである。私の事例をもとに、詳しく説明しよう。

読者傾向を詳細に知る

自分の読者がどんな人物であるのかは、私自身よく理解している。これから紹介するのは、私の小説の読者像だ。思った以上に細かいことに驚かれるかもしれない。FBIプロファイラーのように調査をするのである。

・私の読者は、「平凡な主人公」が好きだ。勝者より、勝ち目のない側を応援する同情的な側面を持っている。その反面、ワルにも魅力を感じ、ユーモアがある。登場人物に自分を重ねる傾向があり、地味で、女性にモテず、物静かな主人公を愛し、主人公が失敗したりトラブルに巻き込まれたりすることを楽しんでいる。語りの部分は軽くし、対話が多い作品を好む傾向が強い。また、従来の小説で当たり前とされていた手法を嫌う傾向がある。

・年齢層は50代が多く、70％以上が女性である。職業は、医者、看護師、経営者、退役した軍人などが多い。なかには映画監督もいるし、俳優、ブロードウェイのプロデューサー、脳外科医もいる。皆多忙であり、以前は難解な書籍を読んでいたが、近頃は電子書籍でリラックスした読書を楽しんでいるようである。

・彼らが私の小説に求めているものは、崇高な作品ではない。一日の限られた時間に楽しめたり、笑えたりする作品だ。

ご覧いただいた通り、かなり詳細な部分まで把握している。だから、私は執筆している時点で、読者に愛される主人公が描けるし、読者が満足するストーリーをつくることが可能なのだ。

あなたは何をすべきか

プロジェクトの目標を決める

目標と言うと多くの人が「販売目標」を立てたがる。だが、不確定要素が多い段階で、販売目標は立てるべきではない。販売目標は思い通りにいかないことが多い。そして、思い通りにいかないと、自信を喪失したり、モチベーションが下がったりしてしまう。それは非常に無駄な時間である。代わりに、「プロジェクト目標」を立てることが先決だ。

「プロジェクト目標」とは、以下のように全体像を定めることである。

・読者対象を決定する
・原稿を完成させる

・売れる書籍コンテンツを書き上げる
・電子書籍化する
・ウェブサイトをつくる
・ブログをつくる
・「ブログインタビュー」を行う
・5つ星評価のレビューを得る
・次回作も必ず購入する熱いファン（生涯読者）25名のメーリングリストをつくる
・能動的なツイッターフォロワー100名を得る

それぞれの小さな「プロジェクト目標」は、容易に達成可能だ。いきなり大きな目標を目指すよりも小さな目標を達成し、積み重ねていくことで、大きな目標が達成できるのである。途中で落胆することもないはずだ。

ツイッターアカウントをつくる

作家にとって、ツイッターは非常に便利なツールである。今すぐにでも書籍専用のツイッターアカウントをつくってほしい。後述するが、私の成功要因はツイッターとブログの活用によるところが大きい。しかも、これらを活用するのにかかる費用はほぼ0円だ。

多くの人々は、効果的な使い方をしていない。非常にもったいないことである。

固有名詞をブランド化する

私は書籍の発売当初から、主人公の名前をブランド化することに専念した。それによって、主人公「Donovan《ドノヴァン》 Creed《クリード》」はブランドになり、自然と広がっていった。小説がまだ読まれる前から、主人公が有名になるのである。通常とは逆の順序だ。すると面白いことが起こる。私のメールボックスには一日何通ものファンレターが届くのだが、「ジョン、ドノヴァンに会いたいわと伝えておいて」と主人公宛にメールが届くのだ。

固有名詞をブランド化する最もシンプルな方法は、ウェブ上のあらゆるメディアに統一感を持たせることだ。

私のウェブサイトのＵＲＬは「www.DonovanCreed.com」である。ブログは「DonovanCreed.blogspot.com」。２つ目のブログは「DonovanCreed.wordpress.com」。メールアドレスは、「John@DonovanCreed.com」。ツイッターは「@DonovanCreed」。見ての通り、すべてに「Donovan Creed」の文字が入っているのである。これが首尾一貫したメッセージとなるのだ。

シリーズを２つ以上持っている場合は、シリーズごとにメディアをつくることをおすすめする。私は、拙著『Saving Rachel』に対しては、「SavingRachel.com」というウェブサイトを別途用意している。

ツイッターを使い始めたばかりの頃から、主人公や登場人物をつぶやきの中に登場させてきた。そして、キャラクターとユーザーとの会話がはじまり、私の投稿は自然に拡散していった。これにより無名の状況からブランドへと成長していったのである。

コンテンツを複数用意する

実は、電子書籍を3冊出版した時点では、マーケティングは全くしていなかった。4冊目の書籍を仕上げた時、PR担当を雇い、同時に専門家が薦めたマーケティング手法をすべて試しながら、執筆を続けた。そして、しっかりとしたマーケティング計画を練ろうと決心した頃には、5冊の電子書籍を世に送り出していた。マーケティングシステムを始動させる時に、すでに5冊を出していたのは、非常に良かった。その理由を説明しよう。

多くの作家は、本を書き上げ、それからマーケティングに注力する。だが、1冊目で書籍が大ヒットしたらどうするだろう？　読者が書籍をもっと読みたいと願っても、買うことができないのである。私の場合、すでに5冊を出版していたので、1冊買って気に入った読者の多くは、他の書籍も購入してくれた。

ここで特別に、秘密のデータを公表しよう。私が2011年にキンドルで販売した書籍ダウンロード数である。

・『Wish List』：14万9277ダウンロード（監訳者注：A）
・『Lethal People』：14万9103ダウンロード

・『Lethal Experiment』：10万7921ダウンロード（監訳者注：B）
・『A Girl Like You』：10万6720ダウンロード

・『Now & Then』：9万5981ダウンロード（監訳者注：C）
・『Vegas Moon』：9万5962ダウンロード

数値を見ると、各書籍の売り上げがペアになっているのが分かると思う。もし私が処女作を売り込むのに精一杯で執筆を止めてしまったら、読者は他の小説を買うことができなかった。その期間、2作目から5作目までの65万3179ダウンロード（監訳者注：A＋B＋C＋『Saving Rachel』の合計）もの売り上げを逃し大損していたことになる。『Saving Rachel』は3作目の作品で、前述の期間内に30万ダウンロードも販売されたのである。

電子書籍が出版されると、読者は表紙や商品の説明、登録情報、そしてレビューをチェックするだろう。この時、本が1冊しかなかったら、読者の判断基準は1つしかない。だが、5冊の書籍コンテンツが出版されていれば、5種類の判断基準を提示することができる。

なぜこれが重要だか、お分かりだろうか？　人の好みは様々だから、1冊目で興味を惹かれなくても、２冊目で購入を決心するかもしれない。それを読んで気に入れば、作家と読者の間に信頼関係が確立されて、同じジャンルの書籍を迷わず購入する。

このようなことが起きるので、５冊の書籍を同時期に出版することは、作家にとって非常に大きな強みになるのである。

ウェブサイトをつくる

ウェブサイトは必ずつくるべきである。そこに「メール取得フォーム」をつけ、読者とつながる手段にする。制作するウェブサイトは、なるべくすっきりと小綺麗にする。ごちゃごちゃしたサイトでは、訪問者はどこを見れば良いかが分からず、画面を閉じてしまう。

インタビュー記事の威力

文芸書などで、作家インタビューを読んだことがあるだろうか。インタビューは、著者の考え方・人柄や、作品の魅力が伝わる非常に有効な方法である。それと同じことをウェブ上で展開する。方法はこうだ。

まず、友達や知り合い、コミュニティの仲間など信用できる相手を1人選ぶ。次にあなたの作品を読んでもらい、質問や感想などを対談形式で話し合う。それを録音しておき、文字起こしを行い、インタビュー風に編集するのである。インタビュー記事は、大量の売り上げを狙うものではなく、名前の認知度向上、ブランディングが主な目的である。あなたのメッセージを作品名とともに掲載して、検索エンジンの上位に表示されるようにする。

記事は自身のブログに掲載し、インタビュワーがブログを持っていたら、そちらにも掲載を依頼しよう。インタビュー記事を載せることで、どのようなことが起きるのか？　私の実例を紹介しよう。

私が電子書籍を、通常の10分の1の価格で販売し、売り上げを上げているのを見たある著名作家がこんな質問をした。

「なぜ、そんなに安く販売しているのですか？」

それに対して「プロ作家と競うつもりはありませんので」と答えた。

このやりとりは、数十のサイトで引用され、『ウォールストリート・ジャーナル』が私のことを取り上げた時にも引用された。多くの読者がこの引用を気に入り、記事をクリックし、私のウェブサイトやブログに辿りついた。あなたがインタビュー記事の中で語ったことは、永遠に生き続け、書籍のブランディングにつながり、主人公の名前を広めてくれる可能性があるのだ。

電子書籍の価格設定

電子書籍をいくらで販売するか？　多くの著者が迷うところだろう。迷うのも無理はない。電子書籍市場は誕生してまだ間もないので、明確な基準が存在しないのだ。すでに紙で刊行済みの書籍を電子書籍にするのであれば、紙の数十%引きと言った基準を持てるだろう。しかし、インディーズ出版の場合は、全くの0から価格設定を行う必要があるため、迷いが生じることが多い。

自分で言うのも何だが、私は値付けを販売戦略に上手く活用できたと思っている。漠然とした価格設定は行わず、徹底した価格戦略に基づいているのである。

執筆したコンテンツの読者対象は、どのぐらいいるだろうか。私は現在、10冊の小説と、1冊のノンフィクション（本書）を出版している。アメリカでは、小説（フィクション）の方が対象読者の数が多く、小説の場合は私は基本的に99セントで販売している。

ノンフィクション（ハウツー）本の読者対象は、70万人の作家達を想定している。規模的にはフィクションよりも小さいので、本書の電子書籍版は4・99ドルで販売している。

繰り返しになるが、私は小説を99セントで販売（印税35セント）、ノンフィクション本を4・99ドルで販売（印税3・5ドル）している。私が小説とノンフィクション本の価格を明確に分けた理由は、「顧客単価」にある。現在、小説とノンフィクション本の出版割合は、約10対1なので、単純に小説の販売数が10倍と考えてみよう。

小説10冊×印税（1冊35セント）＝3・5ドル
ノンフィクション1冊×印税（1冊3・5ドル）＝3・5ドル

読者1人あたりの顧客単価は「3・5ドル」となり、双方の読者層から同じ利益が得られる。このように、適当に価格設定をするのではなく、すべてに目的を設定し計画的に行うのである。

（監訳者：販売プラットフォームの手数料について補足しておきたい。アマゾン・キンドルの手数料率は、30〜65％である。変動があるのは、販売する価格によって手数料が変わってくるためだ。99セントで販売すると、手数料率は65％となり、35％が自分のものとなる。つまり、1冊販売されるごとに、35セントが印税になる計算だ。販売価格を2・99ドル〜9・99ドルにすると手数料率は30％になり、70％が印税になる。99セントで販売すれば当然利益は減るが、読者層は大幅に増える）。

読者とのつながり

ファンレターにはすべて返信している。時間と手間が非常にかかるが、必ず行うようにしている。理由は2つある。まず、読者のことを心から大切に思っているからだ。これは作家であれば当然だと思う。もう1つは、支持者を増やすためである。あなたも経験があるかもしれないが、自分の大好きな著名人や歌手にファンレターを送り、返信があったらどんな気持ちになるだろう。「ずっとこの人のファンでいよう」と思うのではないだろうか。

同じことを私たちもするのである。すると、読者は彼らの友人に私の作品を口コミしてくれるのだ。また、時には素晴らしく好意的なレビューを書き、他の心ない書き込みがあった時には助け舟を出してくれることもある。
草の根運動的で時間はかかるが、生涯のファンと出会うには必要なことだ。

書籍コンテンツを従業員とみなす

私は、自分を会社経営者であり、書籍を「会社の従業員」とみなしている。現在、10冊の書籍を出版しているので、10名の従業員がいるということだ。彼らには書籍タイトルにちなんだ名前をつけている。

ピープル、レイチェル……と言ったように。そして、彼らに数十万円の投資(主な費用は、編集、カバーデザイン、電子書籍化等)し、世の中に送り出す。遊んでいるように見えるかもしれないが、私は本気だ。なぜなら、このように捉えることで、販売や執筆がさらに明快になるのである。ある日、レイチェルがこんな報告をしてきた。

「ジョン社長。あなたが寝ている間に、ヨーロッパで314冊がダウンロードされました」

それを聞いて、直感的に思う。

いいぞ、レイチェル！　キミの売り上げが上昇傾向にあり、ガールの売り上げが下がる傾向にあるなら、現在執筆している小説の主人公はレイチェルに似せよう。一般的なビジネスと同様、何人かの稼ぎ頭が誕生する。最初に送り出した8名の従業員は、アマゾンのキンドルでトップ50位に入っていた。素晴らしい働きを見せてくれたのである。今朝の時点では、ベガスが7週間のうちに10万5000冊の売り上げをもたらしてくれている。出版から数日で5000冊を売り上げ、昨日は800冊が売れた。

さらに素晴らしいことに、今この瞬間もキンドル、スマートフォン、電子書籍デバイスを買う読者は増え続けている。上手くいけば、ベガスは、1年以上にわたり新たな読者を魅了し続けるだろう。何かのタイミング次第では、1日5000冊を売り上げる可能性だってある。彼女を雇うのにかかったすべてのコストは、たった7日間で回収することができた。それ以降、彼女が生み出す売り上げは、すべて利益となる。

本書を執筆中も、みなアマゾン・キンドルのトップ100以内に入っている。ベガスは、わずかな期間で240万円以上の利益を上げることもあったが、彼女に給料を払う必要はないし、保険に加入する必要もない。サボっているかを見張る必要もなく、毎日自動的に利益を運んできてくれるのである。

では一体どうやって、投資を最小限にしながら、効率的な販売システムを実現したのか？　それは次の重要なテーマにつながる。

究極のゴール

インディーズ作家の究極のゴールは、「1万人の生涯読者メーリングリスト」をつくることだ。生涯読者とは、自分の出版するすべての作品を購入してくれる読者のことである。私の場合、はじめは25人が目標だった。次に目標を100人に上げ、それから2500人、5000人、10000人と徐々に増やしていった。今ではそれを達成し、2500人に取り組んでいるところだ。

注目してほしいのは、これらのリストが友人や家族、作家仲間ではなく、生涯にわたり私の作品を購入してくれる、一生のファンであることだ。あなたが執筆したものは、どんなものでも買うファン1万人のメールリスト。これ以上に強力なものがあるだろうか？ 彼らは買ってくれるだけでなく、友人・知人にあなたの本を広めてくれるので、さらなる広がりが期待できる。それによって、出版直後からアマゾン・キンドルランキングのトップ100以内に入ることが可能となる。

私が新刊を出版する時は、必ずこの生涯読者にメールを送り、多くの人に知らせてほしいと頼むことにしている。彼らは、確実に友人や家族に伝えてくれ、結果こんなことが起きた。

『Follow the Stone』（ウエスタン小説）：14日でトップ100入り

『A Girl Like You』：10日でトップ100入り

『Vegas Moon』：7日でトップ100入り
『Don't Poke the Bear』：7日でトップ100入り

一度トップ100以内に入ってしまえば、広告の必要がなくなる。大勢の読者の目に留まり、自ずと売れていくのである。

ターゲット・マーケティング

書籍をたくさん売るためには、「ターゲット・マーケティング」が必要である。ここでは、ターゲット・マーケティングについて解説しよう。

電子書籍はダウンロード販売の形式をとる。ダウンロード販売で成功するには、読者対象に向けて書くことが必要になる。読者対象とは、「あなたの書くジャンル・テーマに興味を持っている一部の読者」のことである。私はこれを「ニッチ読者」と表現する。そして、ニッチ読者の発見こそ、ターゲット・

マーケティングである。

もしあなたが、ニッチ読者に書籍を知らせることができれば、彼らは高い割合で購入するだろう。高い割合とは10％を超えるもの、すなわち10人に1人が買えば十分なのだ。

これまで私は電子書籍を除いて、保険販売などで2回ほど大きく成功したことがあるが、2回とも無から財を成し得た。作家としての成功はその後、アメリカ経済が最悪の時期であった。ほとんどの作家が、本が売れずもがいていた時期である。これら3つの成功にはある共通点がある。それこそ「ターゲット・マーケティング」なのである。

ニッチvs.大衆　勝つのはどちら？

ニッチを見つけた者たちは、多くのサクセスストーリーを生み出してきた。しかし、彼らのうち、何割かはニッチを外に広げ始めてしまう。すると、即座に失敗へと転落していくのである。『Donovan Creed』シリーズは、出版社を通さずに電子書籍と紙書籍を出版した。理由はいくつかあるが、出版社が自分たちの取り分を最大化させることを知っていたからである。彼らには必要なことだろうが、私にとっては何のメリットもない。さらに、もし大手出版社と2億円近い契約を結び、大規模な広告プロモーションを行うのであれば、彼らは私にこう言うだろう。

「このタイトルは少しネガティブだね。主人公もちょっと癖がありすぎる。もっと多くの読者にアピールするには、もう少しやわらかくしないとね。主人公が読者と直接会話するのも、混乱を引き起こすからやめた方が良い。あなたの書く言葉は、下品で無礼だ。もっと修正する必要がある」

そしてマーケティング戦略を、ニッチではなく、大衆路線に変更しようとするだろう。

『Donovan Creed』シリーズの読者は、出版社が狙う大衆ではない。ニッチ読者が10万人もいないことは知っているし、そもそも私は大衆に向けて書いてはいない。特定の読者のみに向けて執筆しているのである。作家として成功する最も重要なことは、大衆ではなく、ニッチ読者のみに向けて執筆することである。

世界中の何百万人もの人があなたの本を読み、好きになったら素晴らしいが、それは難しいことだ。本書のコンセプトを見てほしい。非常にニッチな書籍であることが分かるはずだ。対象となる読者が10万人もいないことは、はじめから分かっている。本書を楽しむのは、もっと書籍を多く売りたい作家、起業家、専門家や、副収入を得たい人である。だから、映画スターの写真が出てくることもないし、ロマンスもない。カーチェイスもなければ、ゾンビも狼男も登場しない。あらゆる人に届くテーマではないのだ。

私が書いたすべての小説も、ニッチ読者に対して書かれている。それで良いのである。大衆化を進めてしまったらこれまでの読者たちを失うだろう。

ライト読者とニッチ読者

自分を大きく見せるのであれば、「私には10万人の読者がついている」と言った方がウケは良いのかもしれないが、ここではありのままを公開し、最も重要な要素について正確に伝えたい。

まず、「ライト読者」と「ニッチ読者」について説明する。ライト読者とは、あなたの作品を1冊でも購入したことのある読者だ。ニッチ読者は、あなたに強く共感し作品を気に入る人たちであり、作品を複数購入する読者のことだ。

私の場合、ライト読者は30万人を超えるだろう。一方、ニッチ読者は2万人ほどである。そして、現在のシリーズではどんなに増えても10万人が限界であることも理解している。ライト読者は、キンドルで1位だったから購入してみたとか、何となく面白そうだから買ったという人たちである。ジョン・ロックが書いたから買う人たちではないのだ。

こういった2種類の読者が私の書籍を購入し、その累計が100万部を超えた。もちろん、ライト読者が必要ないわけではない。伝えたいのは、あなたがすべきはニッチ読者を増やし、その読者を最終的に生涯読者へと育てていくことである。

ニッチ読者の母数を増やすには

ニッチ読者の数には限りがある。母数の上限が決まっているのだ。ではニッチ読者の母数を増やすには、どうすれば良いのだろう？　答えはシンプルだ。第二、第三のニッチ作品を執筆するのである。私は、ウエスタン小説や探偵小説など、異なるニッチ読者に向けた作品を次々生み出している。軽い関係性ではなく、読者との深い絆が欲しいのである。とりあえず買って1冊で終わりのライト読者が２００万人いるより10万人のニッチ読者を持つ方が良い。あなたにも私と同じような考え方で、読者を得てほしいのである。

先日、読者から非常に好意的な内容のメールをもらった。その読者の中で、私は「素晴らしい小説を書く最高の作家」なのである。特別な存在になるのは、決して難しいことではない。あくまで、読者にとって特別な存在になれば良いのである。

読者の購買動向を分析する

あなたは、読者の購買動向を知っておく必要がある。私の読者を見ても、全員が作品を愛しているわけではない。『Donovan Creed』シリーズを読んだ3割の読者は内容を嫌い、2割の読者はどちらか決めかねている。2割の人は楽しんでいて、残り3割は作品を愛している。嫌う読者と決めかねている読者をあわせた5割は、他の『Donovan Creed』シリーズを買うことがなかった。楽しんでくれた2割の読者は、シリーズの中から数冊を購入した。そして、愛してくれている残りの3割は、シリーズ全作品を購入している。

私が、このシリーズを売り込むために、テレビのトーク番組に出演しても、それほど効果がないだろう。なぜなら、そのような番組を見る一般的な視聴者は、私のニッチ読者とは重ならないからである。一方、作家が集まる講演会に行き、小説を売る方法が書かれた本書について話せば、出席者のほぼ全員が購入するだろう。

あなたにとってのニッチ読者はどこにいるだろう？　扱っているジャンルに

よっては、どこにいるのか想像もつかないかもしれない。

料理本、芸能系の本、オカルト、SF小説、ハウツー本などであれば、見当がつきやすい。ミステリー、スリラー、ロマンスだと、探すのは少し難しいかもしれない。SF小説の読者層が非常に狭いのに対し、ロマンス小説は全年齢向けだからである。

あなたは思ったかもしれない。

「全年齢向けなら、ロマンス小説の方が読者を簡単に見つけやすいのでは？」

非常に良い質問だ。実は、読者の幅を徹底的に狭めることが重要なのだ。

例えば、ロマンス小説が好きな電子書籍読者が200万人いるならば、私はその中の一割にアピールするジャンルに絞り込む。なぜなら、絞り込まれた20万人の読者は、非常に忠実で、次作を買う確率が高いのである。それだけではなく、作品を好きな読者・友達同士でコミュニティやサークルをつくる場合もある。大衆化路線の小説では決して起こり得ないことである。

ニッチ読者を見つける最も良い方法は、独創的な作品を書くことである。あなたが特定のジャンルで独創的な作品を書く時、大半の読者はあなたの作品を異端扱いするだろう。そして、そういった読者たちはあなたの作品を批判する。彼らを怒らせれば怒らせるほど、あなたの作品は独創的だという証明でもある。それで良い。

悪い評価がついたということは、ニッチ読者も同時にあなたの作品を見ていることを意味する。間もなく素晴らしい評価を得ることができる。独創的な作品であればあるほど、ニッチ読者はますます増えていくだろう。

レビューから作品評価を導き出す

私が3作目の『Saving Rachel』を出版した時は、かなりの批判を受けたものだ。一方で新しい読者をたくさん連れてくることに成功し、彼らは私の他の書籍も購入してくれた。アマゾン・キンドルの評価を見ると分かるが、『Saving Rachel』はポジティブな評価の割合が少ない。新規読者の割合が高いからである。

ここで、レビューにつく星の数から、作品の評価を導き出す方法をお教えしよう。ご存知の通りアマゾンでは、評価を星で表す。最低評価が星1つ、最高評価が星5つである。私は星1つ～2つまでを「ネガティブ評価」とし、星4つ～5つを「ポジティブ評価」とカウントする。星3つはカウントしない。そして、これらを総数で割るのである。具体的に、私の作品を例に見ていこう。

本書を執筆している今、『Saving Rachel』には、ポジティブ評価が231、ネガティブ評価が155、総数は386となっている。ポジティブ評価を総数で割ると、約59・8%のポジティブ評価を得ていることになる。前述の通り、これはあまり良い評価ではない。他の書籍は以下のようになっている。

『Lethal People』ポジティブ評価：67・4%（これは私の処女作で、当時はまだ自分のビジネススタイルを確立していなかった）

『Wish List』ポジティブ評価：72・8%（主人公Creedは、物語の後半登場）

『Now & Then』ポジティブ評価：74・4%（主人公のCreedは、物語の前半登場）

『Vegas Moon』ポジティブ評価：84・2%

『A Girl Like You』ポジティブ評価：84・4%

『Lethal Experiment』ポジティブ評価：90・7%（この評価が特に高い理由は、他の書籍より多くの割合でニッチ読者が批評したからである）

ウエスタン小説

『Follow the Stone』ポジティブ評価：88・6%

『Don't Poke the Bear』ポジティブ評価：84・2%

この評価を計算すると同時に、アマゾン・キンドルのトップ10を調べ、著名な作家のポジティブ評価のパーセンテージを調べてみた。すると、最高評価で90・2％、最低評価は48％であった。あなたが実際に販売をはじめたら、ぜひこの方法を参考にしてほしい。

PART3では、いよいよ具体的な実践方法について解説する。あなたはきっと気に入るだろう。

PART3

電子書籍を自力で100万部売る方法

ビジネスプランの概要

PART3では、あなたを成功へと導く具体的かつ実践的なビジネスプランを示そうと思う（監修者：本書は読んで満足する書籍ではなく、あくまで実践で活用するためのものである。一度読んで本棚にしまうのではなく、あなたが電子書籍を出版する時にいつも辞書のように机の上に置いてほしい。本質的な内容をお伝えするので、5年、10年と有効なはずである）。

それではまず、全体像から共有しよう。私が100万部以上の電子書籍を売り上げた方法の戦略図はこれだ。

1　独創的なコンテンツを執筆する（ターゲットを知る）

1-1　ポジティブなレビューを冒頭に持ってくる

1-2　シリーズをけん引するキャラクターをつくる

1-3 口コミが生まれやすくなる印象的なシーンをつくる

1-4 作品の前後にURL（ウェブサイト、ブログ）を載せる

2 ウェブサイトの制作

2-1 ツイッターで「仲間の輪（Friendship Circle）」をつくる

2-2 ツイッターユーザーをウェブサイトに呼び込む

2-3 ウェブサイトのメール取得フォーム経由でアドレス登録をねらう

2-4 メールマガジンを送る

2-5 親密な関係を築く

2-6 親密な関係から買い手に変える

2-7 買い手をレビュワーに変える

2-8 レビュワーを生涯読者のメーリングリストに入れる

2-9 次回作を生涯読者にメールで告知する

5　電子出版する

5-1　ソーシャルメディアで「仲間の輪」を活性化させる

6　1〜5のサイクルを繰り返す

以上が、私が100万部の電子書籍を売った秘密である。これをしっかり実践すれば、あなたが成功するのは時間次第である。どうしてこの方法が、信じられないほどの結果を生み出したのか分かるだろうか？　どうか読み流さないで、もう一度ゆっくりビジネスプランの全体像を読み返してほしい。

2回より3回、3回より5回読み返した方が、より理解が進むだろう。そうすれば、次のパートであなたは非常に大きな気付きを得るだろう。私はプラン内の2ステップを使い、一夜のうちに大きな売り上げを達成した。具体的に言うと、「3-1　読者の信頼を得る方法」と「4-2　ツイッター検索とハッシュタグでバイラルサークル（Viral Circle）をつくる」である。これだけでは、あなたは感動を覚えないだろう。しかし、「3-1」と「4-2」についての内容を読んだ後、あなたは「なるほど！」と唸るに違いない。

そして、すべてを理解した時、なぜ私がこれらの方法論を確立するために、喜んで1万ドルを支払ったのか分かるはずだ。このアイディアは本書だけで得られるのである。

本質は常にシンプル

私が『Saving Rachel』を書いた時、あなたと同じ状況にいた。つまり、誰がニッチ読者なのか確信を持てなかったのである。書籍を執筆する前に行う最初のステップは、あなたのニッチ読者を見つけることである。

1　独創的なコンテンツを執筆する（ターゲットを知る）

「独創的なコンテンツ」とは一体どんなコンテンツだろう？　あなたにとって最も良いコンテンツとは、ニッチ読者を確実に見つけられるものである。

『Saving Rachel』は、私にとって成功のきっかけになった。この本は好き嫌いがはっきりと分かれる内容だったが、それによりニッチ読者を獲得する重要性が分かった。3作目であったが、本当は処女作としてリリースしたかった。

なぜ好き嫌いが分かれた方が良いのか？

あなたのコンテンツが嫌いな読者は、一度は批判や悪いレビューを書くかもしれないが、次から決してあなたのコンテンツを買わなくなる。それでは、どうしてわざわざ嫌われる必要があるのか？　誰にでも好かれた方がたくさん売れるのでは？　と不思議に思ったかもしれない。答えは単純で、多くの人に嫌われるコンテンツは、それだけ独創的でもあるからだ。

コンテンツが独創的になればなるほど、ニッチ読者たちはより深く忠実にあなたの作品を愛するようになる。一部の読者に嫌われるほど、ディープなファンも増えてくる。そして、嬉しいことに嫌われる人数には上限がある。

目指すべきは、6割に好かれ、3割に嫌われる内容である。残り1割は、まだ評価を決めかねていてあなたの別の作品を試す読者である。一度自分のニッチ読者を知ってしまえば、彼らに向かってダイレクトに執筆することが可能になる。

多くの書き手が悪い評価を恐れる。その気持ちは十分理解できる。自分が書いた大切な作品がけなされたら、許せないのは私も同じだ。だが一方で、悪い評価を与えてくれる読者のおかげで、誰に向けて書くべきかが明確になるのだ。そう思えば彼らに感謝できるし、精神衛生的にもいいだろう。

1-1 ポジティブなレビューを冒頭に持ってくる

作品の冒頭に、短く強力なレビューや宣伝文を載せると良い。リリース前に友達や仲間に読んでもらい、その感想やメッセージから引用するのが効果的だ。

そうすることで、作品の魅力を客観的に伝えられるし、これから読む読者の期待を高めることができる（監訳者：一例だが、「この小説はミステリーの常識を覆す！（東京都Yさん）」「ラストシーンで涙が止まりません（埼玉県Tさん）」というイメージ）。

1-2 シリーズをけん引するキャラクターをつくる

小説や物語の場合、読者の多くは「なじみのキャラクター」が好きである。個性的かつ魅力的なキャラクターをつくることで、読者は次回作を楽しみに待つようになる。同じキャラクターが登場するシリーズものは、安心して読めるのだ。

『Donovan Creed』シリーズでも、再登場するキャラクターは複数名存在する。主人公と張り合わせるために登場させるのだ。シリーズによっては、新しいキャラクターも登場するが、登場人物全員が新キャラクターだったら、読者は失望するだろう。

あなたが全く新しいキャラクターだけで作品を書きたい時は、別のシリーズをつくるべきである。『Donovan Creed』を一休みしたくなった時、『Emmet Love』というウエスタン小説を開始させた。こちらは、全く違ったキャラクターが登場する。新しいシリーズが気に入れば、そのシリーズもさらに読みたくなるだろう。あなたの仕事は、読者が欲しがるものを与えることである。

1-3 口コミが生まれやすくなる印象的なシーンをつくる

会社や学校で、前日観たドラマや映画について話したことはないだろうか？話題にのぼるような印象的なシーンをつくることで、口コミが広がりやすくなる。もしあなたが映画『Deliverance』（１９７２年）を観たことがあるなら、私は「救助のシーンはどうでしたか？」と聞くだろう。あなたが映画を観たことがあるなら、その意味が分かるだろう。記憶がおぼろげなら、「ブタのような悲鳴」や「彼はひどい口をしていた」と思い出す手掛かりを与える。

あなたが『氷の微笑』（1992年）を観たことがあるなら、私は「シャロン・ストーン、氷の微笑」というべきだろう。あなたはすぐに、警察の事情聴取で彼女が足を組む有名なシーンを思い出すはずだ。

私が最も気に入っている映画のシーンは、『セント・オブ・ウーマン／夢の香り』（1992年）のタンゴのシーンだ。あなたがこの映画を観たことがあるなら、すぐにシーンを思い浮かべられるだろう（監訳者：『天空の城ラピュタ』を見たことがあるなら、「バルス！」「ラピュタは滅びぬ、何度でも蘇るさ！」、すぐにあのシーンが頭に浮かぶはずだ。『紅の豚』を知っているなら、「飛ばねぇ豚はタダの豚だ」と聞けば有名なシーンを思い浮かべるだろう）。（監修者：小説以外のノンフィクションやハウツー本で印象的なシーンをつくることも可能だ。感情に訴えかけるエピソードを語るのである。口コミが起こるのは感情が強く動いた場合なので、思わず人に話したくなるエピソードを語れば、インターネットやオフラインで話題になる確率が高まる）。

私はここまで有名なシーンは書いたことがない。だが、あなたが私の読者に「Vegas Moon, Surrey the doll…」と言えば、彼らは私のつくった最も印象的なシーンを思い出して笑うだろう。このように印象に残るシーンを、意図的につくることが重要なのである。私は、自分の好きなものを読者に押し付けることはしない。読者が読みたいもの、好きなものを提供するのである。これはニッチ読者の特徴を知っているからできることだ。ジャンルを問わず、ニッチ読者の楽しみのために執筆する。

彼らが好みそうなシーンを書き、嫌いそうなシーンは書かない。どちらか分からない時は、こっそりと入れておいて、楽しめたかどうか後から読者にフィードバックをお願いする。

『Now & Then』をリリースした時、ファンから受け取ったメールを参考に、どのように評価されているのかを確かめてみた。すると、最もコアな生涯読者の2割からネガティブな評価が返ってきたので、私は即座に続編の執筆をストップした。その結果を踏まえ、今後『Now & Then』タイプの小説を書くことはないだろう（監修者：不評だった理由としては、物語の後半にCreedやRachelと全く関係のない1700年代の海賊の話や歴史を入れてしまったことが考えられる）。

『Now & Then』を好きな読者もいるのにもったいない、執筆を止めるなんておかしいと思うかもしれないが、私は生涯読者が嫌いなストーリーは提供したくない。それがたとえ、自分が書いた作品であっても、である。

1-4 作品の前後にURL（ウェブサイト、ブログ）を載せる

目的はシンプル。アクセスをウェブサイトとブログに呼び込むためである。接触機会が増えれば、読者はあなたについて考え続けるし、あなたのために行動を起こす機会も増える。それぞれのページには、読者に対するメッセージを入れておくとさらに良いだろう。書籍を購入してもらって終わりではなく、購入してからが付き合いのスタートになると認識しておいてほしい。

2　ウェブサイトの制作

ウェブサイトは必ず制作すべきだが、高いコストを払う必要はない。私が初めてつくったウェブサイトは500ドル（約4万円）以下で済んだし、ランニングコストも月額17・5ドル（約1400円）だった。このサイトはデザインもシステムも完璧ではなかったが、85万部を売った時までリニューアルしなかった。

立派なウェブサイトをつくる余裕がなければ、ホームページ制作テンプレートや無料サービスを利用すると良い（監修者：親戚や学生の友人に、アルバイトでつくってもらうのも良いだろう。今の若い人たちは、プロでなくても驚くほどのウェブ技術を持っている）。

ウェブサイトは、プロフィールや読者に伝えたい情報を載せる場所なので、作品の世界観に沿ったデザイン、内容を心掛ける。一方的な主張や日常生活を書いている著者を見かけることがあるが、自分が意図しないイメージを抱かせてしまうことがあるので、避けた方が無難だろう。

次にメール取得フォームを設置する。根幹となる部分なので、メール取得フォームは必ず設置すること。ウェブサイト訪問者には、メール取得フォームから名前とメールアドレスを入力するように促す。これによってニッチ読者、生涯読者の土台が築かれていくのである。

2-1 ツイッターで「仲間の輪（Friendship Circle）」をつくる

次にツイッターを使って利益を最大化させる方法を話そう。ツイッターにより2つのコミュニティをつくる。

1つは「仲間の輪（Friendship Circle）」である。彼らはレビューをしてくれるうえ、将来的に生涯読者になる可能性もある。もう1つは「バイラルサークル（Viral Circle）」で、口コミや紹介を劇的に増加させるものである。「バイラルサークル」については、のちほど4-2で詳しく説明する。

「仲間の輪」を機能させるには、ツイッターでフォロワーを数百人まで増やす必要がある。フォロワーの簡単で確実な増やし方は、共通のフォロワーや話題から、あなたの書籍に興味を持ちそうな人のアカウントを検索・フォローし、フォロー返しをもらう方法だ。2週間もあれば準備できるだろう。

次に、ハッシュタグ（監修者注：ツイート内に「#○○」と入れて投稿すると、同じ記号がついたツイートが一覧表示され検索で見つけやすくなる）を検索し、あなたの作品と関連がありそうな話題を探す。そして、面白そうな人、気が合いそうな人のプロフィールをチェックする。もし彼らがウェブサイトやブログを持っているならアクセスする。友人になれそうだと思ったら、あなたのアカウントでその人を紹介する。

私が検索した時は、ボランティア活動をしている女性、ジェーンさんを見つけた。そして、自分のフォロワーにこう紹介した。

「ジェーンさん（@JaneSmith）の書いた記事を読んで、私はとても感動しました。ぜひこちらを読んでみてください。→ブログURLのリンク」

その後、本人にツイッター内で紹介したことを伝える。ジェーンさんにとっては、自分に共感し、ツイッターで紹介までしてくれた人からのメッセージなので、悪い気はしない。何もない状態に比べて、断然良い関係からスタートできる。その後も継続的に付き合いを続けることで、興味を同じくする仲間となっていくのである。誤解のないよう伝えておくが、決して自分の作品を売り込むために、関係をつくっているのではない。ここでは、あくまで「仲間」をつくることを目的にしている。

インターネット技術がどんなに進んでも、人間関係の本質は何も変わらない。信頼と共感を重ねていくことで、お互いにとって価値のある関係に成長していくのだ（監修者：ツイッターでやみくもに営業を繰り返す人たちが「業者」として嫌われるのは、一方的なセールスメッセージを押し付けるからだ。売り込みは逆効果だ）。

売り込みは決してすべきでない。あくまで相手の目線で行動することが重要である。

2-2　ツイッターユーザーをウェブサイトに呼び込む

ツイッターユーザーとの関係には、常に目的をかかげておく必要がある。ただ単におしゃべりするだけでは意味がない。ここでの目的は、最終的にはツイッターユーザーに生涯読者になってもらうことだ。そのために、ツイッターからウェブサイト、ブログに訪問してもらい、メールアドレスを残してもらうように導くのである。

2-3　ウェブサイトのメール取得フォーム経由でアドレス登録をねらう

ツイッター、ブログ、電子書籍内には、常にウェブサイトのリンクを掲載しておく。前述の通り、メール取得フォームからメールアドレスを登録してもらうためだ。なぜメールリストをつくることを重視するのかと言えば、作家側からダイレクトにアプローチできる唯一の方法だからだ。

新刊リリース時、ウェブサイトやブログで告知するだけでは、見逃してしまう人もおり、気がつかないで数カ月経ってしまうこともある。だが、メールであれば読者のメールボックスに直接送ることができ、読んでもらえる確率も高まる。

2-4 メールマガジンを送る

メールを送ってくれた読者には、定期的にメールを送信する。と言っても、企業が送ってくるような当たり障りのないメールのことではない。大切な仲間に手紙を書くように、パーソナルで興味深い内容にするべきだ（監修者：ここでは簡単に実践できるコツをいくつかお教えしよう。まず、メールマガジンの形式であっても相手のことは基本的に「あなた」と呼ぶ。次に、自分と相手にしか分からない共通の話題を、意識的に書いていく。小説の内容や登場人物についての話題も良いだろう。外から見れば「内輪ネタ」と言われる内容にするべきなのだ。それによって、より深い仲間の関係へと発展していくのである）。

2-5　親密な関係を築く

ツイッター、ウェブサイトやメールでコミュニケーションを重ねていくことで、親密な関係を築いていく。見知らぬ他人から、お互いを助け合うような真の仲間になれるのである。

2-6　親密な関係から買い手に変える

仲間になれば、少なくともあなたの電子書籍を1冊は読んでくれるだろう。もともと好き嫌いがはっきり分かれる独創的なコンテンツなので、好みでないこともあるだろう。しかしその場合も、信頼関係が築けているので、彼らはあなたの告知をリツイートしてくれるはずだ。

2-7　買い手をレビュワーに変える

電子書籍を気に入った読者は、アマゾンに良い評価を投稿してくれるかもしれない。だが、待っているよりこちらからレビューを促すことをお勧めしたい。購入後、メールで「作品を読んだ感想をいただけませんか?」と聞いてみるのである。

「もしよろしければ、この作品の魅力や、あなたにとってどんな作品だったか教えてもらえませんか?」と付け加えることで、単なる評価だけでなく客観的なプロモーション文を得ることができる。たとえば「Wish Listが大好きです! 昨晩8時に読み始めて、一気に最後まで読んでしまいました! Jane Smithより」といった具合に（監修者：個別に送信していると時間も労力も膨大にかかるので、メール文面のひな型をつくっておき、月に1回程度一斉メールで配信するのも良いだろう）。

さらに、感想を書くのが苦手な人に対しては、「もし、感想を送るお時間がない場合は、アマゾンの評価をお願いします」と補足しておけば、5つ星をクリックしてくれるかもしれない。購入者に対してこのプロセスを行うことで、買い手をレビュワーに育てることができる。

2-8　レビュワーを生涯読者のメーリングリストに入れる

多数の生涯読者を集めることができれば、ベストセラーヒットは保証される。これは、インディーズ作家にとって究極的な目標である。生涯読者とは、以下のようなメッセージやコメントをする人たちのことである。

「あなたの書く本が大好きです。次回作が出る時は、すぐ知らせてください。あなたの本だったら何でも買います！」

「10倍の価格でも買います！　早く次回作お願いします」

「友達全員にあなたの本を紹介しています。一生ファンです！」

「メールには返信しなくていいので、早く次回作を書いてください！　急いでください！」

生涯読者はこういったコメントをくれる。私の目標は、生涯読者を1万人持つことである。

2-9 次回作を生涯読者にメールで告知する

生涯読者が数百人に達し、多くの読者と深い信頼関係が築けた段階になれば、あなたの電子書籍はリリースと同時にトップ100に入るようになるだろう。メール告知した瞬間、読者は新作を必ず購入してくれるからである（監修者：告知の内容は「新作がリリースされました」という旨のシンプルなもので構わない）。

トップ100に入ると、より多くの人の目にふれるので、さらに売り上げが拡大する。この方法を地味で遠回りだと思う人もいるかもしれない。だが、本質は常にシンプルであり、読者との信頼関係を前提としたこのシステムは着実ゆえに強力なのだ。ライバルたちは面倒くさがって行わないはずなので、あなたが実践すれば確実に効果が上がるだろう。

生涯読者を得る過程で、いきなり1万人を目指すと気が遠くなるので、はじめは1人の生涯読者を得ることを目標としてほしい。1人が2人、2人が4人と徐々に増加していき、比例してあなたの執筆活動も楽しく賑やかなものになるだろう。

秘密のツイッター・テクニック

ツイッターは重要なツールなので、さらに掘り下げて説明する。ツイッターで得られることは2つある。交友関係の構築と売り上げ拡大だ。ツイッター上の仲間は、あなたを成功に導くプロモーションチームでもあるのだ。だからと言って、彼らを利用するわけではない。彼らの役に立つことで、彼らはあなたの仲間になるのだ。

こんなツイートを見たことがないだろうか？　今日食べたランチの話、会社の愚痴、有名人の発言の引用、商品の告知。あなたが仲間をつくりたいのであれば、これらのツイートは決して行ってはならない。あくまで、仲間に対しての発言を心掛けるべきだ。

あなたの電子書籍が5万部売れたとしよう。その時、「売り上げ累計5万部になりました！　ヒットしています。あなたも今すぐご購入ください！」とつぶやいたら、読み手はどう思うだろう？　売り込みをされているように思うはずだ。言い方を変えてみよう。

「大切な仲間たちのおかげで、大きな目標を達成できました。売り上げ5万部です。あなたの助けがなければ、絶対に達成できなかったでしょう。素晴らしい仲間と一緒に達成できたことが何よりの誇りです」。このように表現すれば、売り込みではなく感謝を伝えることができる。ツイッター上では売り込みはせず、仲間をつくる。これを忘れないでほしい。

先ほどのジェーンさんの例（監修者：「2-1　ツイッターで『仲間の輪』をつくる」）で、具体的な実践方法を紹介しよう。

ジェーンさんと仲間になった後、最新刊が出ることを伝える。彼女が書籍を読み、気に入ってくれれば、彼女はツイッター上でツイートするだろう。

「ジョン・ロックの最新刊をチェックして！　@DonovanCreed『Don't Poke the Bear』だよ！　とっても面白かったよ。みんなもぜひ読んでみてね！↓作品URL」

私は自分のメンション（監訳者注：特定の「@ユーザー名」を含むツイートのこと。ツイッターホーム画面でサイドバー「@ユーザー名」リンクをクリックすると、ユーザー名を含むメンションがすべて表示される）をチェックし、彼女に返信する。

「@JaneSmith私の本を読んでくれてありがとう。あなたと素晴らしいツイッター仲間のおかげで『Don't Poke the Bear』がキンドルでベストセラーになりました！」

ジェーン氏とのやりとりは、仲間によってリツイートされ、新たな何百人の目にとまる。そして、新たにリツイートやコメントをくれたユーザーに対し、ツイッター上でお礼をすることで、仲間はさらに増える。

これを繰り返すことで「仲間の輪」は自然と大きくなり、結束力も高まる。繰り返しになるが、コツは自分や自分の作品を決して売り込まないこと。売り込みがあった瞬間に、人は素直にコメントやリツイートができなくなる。そのかわり、ツイートの中にＵＲＬを入れておくことで、ウェブサイトやブログにリンクさせる。作品紹介や販売はリンク先で行うべきである。

一方で、ツイッター上にはフォローしてはいけないユーザーがいる。プロフィール写真を初期設定のままにしている。売り込みをしている。フォロー返しをしてくれない。3カ月ツイートをしていない……。

こういうユーザーとは、信頼関係は築けないのでフォローしないこと。ツイッターは軽いコミュニケーションに流れがちだが、だからこそ意識した仲間との交流が必要なのだ。あなたがフォローすべきは、「@DonovanCreedJohnさん、@JaneSmithのことを教えてくれてありがとう。早速読んでみましたが、彼女のブログ素敵ですね！」といったコメントを返してくれるユーザーである。

時間と体力が無限にあるなら、あらゆるユーザーにコメントして回るのも良いだろう。だが、ツイッターに使える時間には限りがある。そこで私は、自分（@DonovanCreed）を話題にあげてくれた人にのみ回答するようにしている。

仲間になったユーザーは「リスト機能」でグループ化しておき、いつでも彼らのツイートを読めるようにしておく。私が彼らのツイートやブログ記事に対して感想や称賛を送る時、それらがウソや自動送信でないことを彼らは理解している。信頼関係が築けているから可能なのだ。

また、ツイッターは投稿できる文字数が140字と短い。長いURLを貼るとそれだけで1回の投稿が終わってしまう。そこでtinyurl.comを使おう。これを使えば、どんなに長いURLでも、たったの26文字にしてくれる。利用は無料だ。

一度仲間が増え始めると、楽しくてつい何時間も夢中になってしまう。しかし、あまりダラダラと行うのは効率が悪い。1日1時間と決めておけば、集中してできる（監修者：コメント以外のつぶやきは、ブログを更新したタイミングで行うのが良いだろう）。

ツイッター仲間には、定期的にコメントする。コメントは彼らのブログやウェブサイトの記事を読んだ感想や意見が良いだろう。

現在、私には約100人の親密なツイッター仲間がいる。彼らのメールアドレスは知っているので、いつでも連絡ができ、生涯読者と言うのに十分な信頼関係が築けている。フォロワーは数万人いる必要はない。本当に親密な仲間が100人いるだけで、強力なマーケティングができるのだ。

単なるツイッターユーザーは、書籍を購入しないこともあるし、買っても評価しないことだってある。だが、メールアドレスを送ってくれたツイッターユーザーは、書籍を買い、レビューもしてくれる。多くの人は、これに気付いていない。ツイッターだけのつながりだと、いわば顔見知りの状態である。メールアドレスを交換する関係になることで友達になり、コミュニケーションを重ねることで親密な仲間となり、生涯読者となっていく。もちろん、ツイッターから生涯読者を得るには、それなりの時間と努力が不可欠だ。

ツイッターで出会うすべてのユーザーは、検索1つで私の電子書籍をすぐに見つけることができる。あらかじめ親密なコミュニケーションをとったうえで、読者になってもらえるのだ。書籍を購入し、気に入ってから作者のウェブサイトに辿りつくという従来の常識とは真逆である。

誠実かつ丁寧なコミュニケーションをとり続けることで、押しつけ的な売り込みなしでのセールスが可能になるだろう。

あなたが電子書籍の売り上げを増やしたければ、まずはツイッターを積極的に活用すべきだ。ソーシャルメディアの利点は、自分が友人、仲間として付き合いたい人をこちらから選べることである。そして、ウェブサイトやブログの紹介や、日々のコミュニケーションをとることにより、親密な仲間になっていく。彼らも私のことを助けてくれるのである。決して義務感で行っているのでなく、親しい仲間として助け合っているのだ。

ツイッターで知り合ったユーザーは、将来のニッチ読者、生涯読者になる可能性がある。このようなきっかけづくりや、日々のコミュニケーションを行うのに最も優れたツールがツイッターなのである。続けるほどに、あなたの仲間は増え、媒体価値も増す。単なる他人のツイートではなく、大切な仲間のツイートとして投稿を読んでくれるのだ。

私は現在、2万人のフォロワーがいるが、それは2万人の知り合いがいるのと同じことである。すると、仲間たちは私のツイートで紹介されることに、さらに高い価値を見出してくれるようになる。信頼関係を築くのがよりたやすくなるのである。ここではツイッターについて解説しているが、私が言っていることはフェイスブックをはじめ、あらゆるソーシャルメディアにあてはまる。

3 シンプルで機能的なブログを制作する

ブログについて説明しよう。ブログは、ツイッターでは書ききれない長文や、電子書籍を告知するために使う。これまで、私はblogspot（監訳者注：ブログスポット、Googleが提供するブログサービス）とWordPress（監訳者注：ワードプレス、独自ブログを開設できるブログソフトウェア）を使用してきた。

ブログのデザイン、投稿する記事は、常にシンプルであることを心掛けてほしい。なぜなら、ブログの目的は、投稿を読んでもらい、電子書籍購入につなげることだからである。

3-1 読者の信頼を得る方法(Loyalty Transfer)として、ブログを投稿し、記事内に書籍へのリンクを設ける

ブログの目的は、小説のコンセプトや魅力をニッチ読者にアピールすることである。短くシンプルな記事で、投稿の最後には書籍へのリンクを貼る。多くの人はブログを日常的に使っているだろうが、このように目的を持ってブログを運営している作家はほとんどいない。

記事投稿の頻度についてふれておこう。記事を毎日投稿すると、購読者はブログを読まなくなる。私は一年間に12~15前後しかブログを投稿しない。月に1回程度のペースだ。ブログ記事のテーマを決定するのに数週間かけ、記事を

書くのに数日をかける。

投稿1回あたりの適切な文字量は、800ワード以下と短い。のちほど私が実際に投稿したブログのサンプルを紹介しよう。

閲読率を100%に近づける

短くシンプルな記事を書くことで、購読者を惹きつけ続けられる。そして、各投稿の閲読率を100%に近づけるのである。常に次の投稿を熱望した状態にするのだ。投稿後、購読者が読み終わったと思われるタイミングで、意図的に記事を削除することもある。私の書いた記事が少ないことに気付くと、1回の投稿を貴重なものと捉えてくれる。

ブログの目的は、電子書籍を販売することである。そして、私のブログ記事は、ニッチ読者を惹きつけるように設計されている。だからと言って、無理な売り込みや人を操るようなことは決してしない。PART2で説明したように、私は読者の好みを把握しているので、読者が楽しめる記事を書くことができる。書籍を執筆する時と同じスタイルだ。独創的で、ニッチ読者のニーズと感情を満たす記事を書くべきだ。

効果的なブログ実例その1

実際に投稿したブログ記事を紹介しよう。初めて書いたブログ記事で、タイトルは「The Shopping Cart」とした。

自分に起きた面白おかしいエピソードを、ニッチ読者に向けて書いた。私の読者は、「物静かで評価されない主人公」「変わったシチュエーション」「主人公が当惑する場面」といった要素を好むので、記事もそのように構成するのである。そして、画面右側には書籍や予告編へのリンクを貼っておく。予告では「Donovan Creed」が書籍の主人公であることを説明する。注目してほしいのは、私は決して売り込みをしていないことである。代わりに、記事による物語を通して本の宣伝をしているのだ。

もしあなたが、私のニッチ読者だったら、面白おかしいエピソードを読んで、「これは読まなくては！」と、右側の書籍リンクをクリックするだろう。なぜなら、意図的にニッチ読者の心の琴線にふれるように構成しているからだ。

これから私が投稿した3つのブログ記事を紹介する。実例1は、私が初めて投稿した記事である。この記事は、ノンフィクションをもとにしたエピソードである。効果の面から言えばそれほど重要ではないのだが、イメージを掴んでほしいので紹介する。実例2と実例3は、非常に重要な投稿であった。実例2は文字通り一夜にして私をベストセラー作家に変えた。そして、実例3で何百人もの生涯読者を得ることができた。

ショッピングカート

投稿日時：2010年10月25日（現在は非公開）

金曜日に新しい名刺が届いた。表には書籍の表紙と、小説のシリーズ名『A Donovan Creed』という文字を入れた。忘れないようポケットに入れておいた。

昨日は暖かいけど風の強い日だった。木の葉が舞う遊歩道から、秋の訪れが近いことを知った。

ふと、かぼちゃパンをつくろうと思い立った。車でスーパーマーケットに行き、食料と2、3の雑貨を購入した。ショッピングカートが風で移動しないよう、しっかりカートラックに入れた。すると突然、突風が吹いた。反射的にカートラックを見ると、私のショッピングカートは問題なかったが、外に出ていたショッピングカートが風に煽られ女性の方に進んでいた。このままではぶつかる！　私は大声で「危ないですよ！」と叫び、ショッピングカートを指差した。

彼女は私の声で振り返ったが、暴走するショッピングカートには気がついていない。私は叫ぶと同時にショッピングカートを止めに走っていた。

彼女もようやく気付き、青ざめている。ぶつかるほんの数センチ前に追いつき、ギリギリで止めることができた。しかし彼女は

「何してるの？」

と冷たく言い残し、さっさと立ち去ってしまった。

今、地下鉄のレストランで、家で食べるためのランチを注文している。かぼちゃパンをつくる前に食べるのだ。カウンターには、男性と女性がいる。私が注文していると、男性店員が慌てて走り出した。駐車場で暴走したショッピングカートが、車にぶつかりそうになっていた。車にぶつかる寸前で、男性店員がストップさせ、事なきを得た。車の彼女はとても感謝している様子で、男性店員とハグしていた。

女性店員がカウンターでつぶやく。「彼は……みたい」「え？　何みたいだって？」と聞き返すと、彼女は「彼はヒーローみたい」「世間がヒーローを必要としているんだろうね」「そうよ、でも外にはヒーローはいないのよ」「え？　ヒーローはいつも外にいるよ。キミが見ていないだけだ」

すると彼女は少し考えて「バットマンみたいな感じ?」「うん、そうだよ。バットマンみたいだし、それに、それに……」ここまで言うと彼女は不思議そうに聞く。「それに?」「それに、Donovan Creedだよ」「Donovan Creed?誰?」すかさずポケットから名刺を取り出し彼女に渡す。

記事を投稿した最初の3日間で、それまでの1カ月より多くの売り上げを達成した。もし私が目的を持たずブログを書いたなら、この出来事は以下のようになっただろう。

変なことがあった。スーパーの駐車場で、風で暴走したショッピングカートが女性にぶつかりそうになっていた。私は買い物かごを止めたのだが、彼女は「何してるの?」と一言残して去って行った。こんな経験あるだろうか? 今すぐシェアしてほしい!

よくあるブログの記事だが、これでは電子書籍は売れない。電子書籍の売り上げにつながる要素がないのである。

効果的なブログ実例2

次に紹介するのは、私の人生を変えたブログ記事だ。一読しただけでは、何が凄いのか分からないかもしれない。だが、この記事は2日間で5000以上のアクセスがあり、一気に広まった。さらに読んだ人がシェアしてくれたことで、国中のツイッター、ブログ、ウェブサイトに投稿された。

記事を投稿した4週間後には、1300冊の電子書籍が売れた。さらに、購入者は別の作品を買ったり、感想をシェアしたりして広がりはさらに大きくなった。次の月には1万3681冊の電子書籍が売れた。その後も、同様の広がりがあり、売り上げは伸び続けた。記事タイトルは、「母とジョー・パターノを愛している理由」(監訳者注：ジョー・パターノとは、ペンシルベニア州立大学アメリカンフットボール部のカリスマ的コーチのことである)。

たったの550ワードだが、私の人生を変えた550ワードである。

母とジョー・パターノを愛している理由

投稿日時：2010年11月3日

私はペンシルベニア州立大学に一度も通ったことはない。ジョー・パターノとビジネスをしたこともない。だが、私はジョーの大ファンである。ファン歴は44年にもなる。2歳の時、私の父が他界した。母は再婚せず、私と弟の生活のために一所懸命に働いてくれた。母は私たち兄弟に特別な愛情を与えてくれたが、一方で父親がいないことによる人生への影響を心配していた。彼女は、「尊敬できる立派な人格の人を選んで模範としなさい。その人の振る舞いを真似て、どうやって逆境を乗り越え、成功を手にするか学びなさい」とアドバイスをくれた。

ちょうどその頃、ある雑誌で、ペンシルベニア州立大学の若いコーチ、ジョーに関する記事を読んだ。彼は壮大な教育プログラムの計画を持っており、子どもを学生アスリートに育つよう指導していた。すぐにジョーに関心を持った。彼は、母から学んだ高潔、忠誠、寛容、献身の教えをさらに強化してくれた。

私は今から30年前に『Qualities of Character』という本を出版したが、本書の中でもそれらの教えを強調した。

私は長きにわたり、ジョーの計画が成功するのを見てきた。彼は決して私をガッカリさせることはなかった。今でも彼は元気いっぱいに学生を指導しているし、教育プログラムも稼働している。それどころか、国内で最も高いアスリートの卒業率を誇っている。彼はまた、個人的に何千万ドルも寄付をしている。

その後、ついにジョー本人に会う機会を得た時、彼がどれだけ私の人生に影響を与えたのかを伝えた。そこでの会話を紹介しよう。

「ジョーさん、お会いできて光栄です。あなたは私の人生で、２番目に模範的な人物です」

「誰が1番ですか？」

「私の母です」

「ジョン、あなたのお母様に会いたいですね」

「母は熱烈なレッドソックスファンです」

「なるほど。私はブルックリンドジャースファンです」

「ブルックリン？」

「ドジャースは本拠地を移さずに、ブルックリンに留まるべきでした」

ジョーは、より高額な報酬で別の大学などからオファーを受けていた。しかし、彼はペンシルベニア州立大学に留まった。ちょうど私の母が亡くなった夫一筋だったように、大学に忠実でい続けた。

成功するには、信じたことをやり続ける必要がある。多くの人がジョーや私の母のように、信念を持って事をなすのであれば、もっと素晴らしい結果を得ることができるだろう。

小説を執筆する時は、1日7000ワードは書けるのだが、この記事はたった550ワードにもかかわらず丸2日かかった。だが、その甲斐あって、5カ月近くブログに掲載し、多くの売り上げを運んできてくれたのである。

あなたにこっそり教えたいのは、この記事を書くのにどんな仕掛けを施したかという裏側だ。

ブログテーマの原則

私のブログ記事に共通することだが、以下のような要素を入れるように心掛けている。執筆の文体、ヒーロー的な存在、聡明で自立した強い女性、ユーモア、忠誠、気前の良さ、尊敬。これらの要素を入れることで、ニッチ読者の琴線にふれる記事を書くことができる。

この記事が上手くいった理由は主に2つある。1つは、ジョー・パターノを称賛する人々と、素晴らしい母親を称賛する人々が、私の文体を好きだったこと。2つ目は、「読者の信頼を得る方法」と呼ぶ新しい仕組みを初めて利用したことである。

記事を投稿した後、記事のタイトルとリンクをツイッターでつぶやいた。それにより、多くのツイッター仲間が、フォロワーにリツイートしてくれ、拡散が早まった。

ツイートの中には「#Joe Paterno」のハッシュタグを入れておいた。そして、ペンシルベニア州立大学のツイッターを検索し、これから予定されている試合についてツイートする何百人もの人々を見つけたのである。

そこから100人を選び、彼らに私のブログ記事を紹介した。ジョー・パターノに強い関心を持っているので、彼らはタイトルを見てブログ記事を必ず読む。記事を読んだ人は強く共感し、私のツイッターやブログをシェアし始める。それによって、電子書籍の売り上げはうなぎ登りに増加したのである。

「読者の信頼を得る方法」とは、ブログ記事を通して読者の強い信頼を得ることだ。私はこの方法を使い、ジョーのファンと母親を尊敬する人々にアピールした。人は共感した瞬間に、他人から仲間になれるのである。共通項があると、自分と似た人だと感じ、自然と好意を抱くようになるからだ。

この重大さが分かるだろうか？　ブログ記事を介すことによって、無名作家の作品が、自分に似た仲間が書いた作品へと変わるのだ。ブログを初めて訪問した人たちが、信頼や親近感をジョーと私の母に抱き、私の電子書籍を購入し、友人にも薦めてくれたのである。「読者の信頼を得る方法」の優れた点は、あらゆるテーマ、分野、業界に応用が利くことである。

時間的な制約も受けないので、来年の同じ時期に、同じような展開が可能になる。もし、ジョー・パターノが退職することがあれば、この記事はさらに人気が出るかもしれない。今年のフットボールシーズンには、また新しい人々にリンクを送ることができる。

効果的なブログ実例その3

次のブログ記事は「マイケル・J・フォックスとあなたの愛する人！」（監

訳者注：マイケル・J・フォックスはカナダ・アルバータ州・エドモントン生まれの俳優。『バック・トゥ・ザ・フューチャー』シリーズの大ヒットによりハリウッドのトップスターの仲間入りを果たした）というタイトルで投稿した。この記事は5年経っても機能するだろう。先ほどと同じく、時間的制約のないブログの例である。

このように私はそれぞれの記事を大切に扱う。もし毎日違ったテーマのブログを書いていたら、数百の記事に埋もれてしまい、ジョー・パターノの記事も、マイケル・J・フォックスの記事も効果は薄れていただろう。訪問者はわざわざ古い記事をさかのぼってくれないのである。

ブログ開始から7カ月で投稿した記事は、たった7本。そして、どの記事も短くシンプルな内容である。それでも、自著のウエスタン小説がアマゾン・キンドルのベスト100に71日間もランクインする助けを果たした。

次にお見せするマイケル・J・フォックスの記事を読んで、あなたが私のニッチ読者に対して話すテーマの原則を見つけられたら、あなたはコツを掴み始めているといえるだろう。

マイケル・J・フォックスとあなたの愛する人！

投稿日時：2011年4月12日

私はマイケル・J・フォックスに会ったことがないし、これから会えるかも分からない。知っている限りでは彼は私の読者ではないし、おそらく私の存在すら知らないだろう。この小さなブログを読んでもらえるなんて思っていない。推薦も期待していない。しかし、大切なことを伝えたくて記事を書いている。

私は病と闘うマイケルに称賛と感謝の気持ちを表すと同時に、あなたや自分の友人、自分の親族についても想いを馳せる（監訳者注：マイケル・J・フォックスは30歳の若さでパーキンソン病を発症し、現在も病と格闘している）。

マイケルが前向きになろうともがき、病と闘いながらもカメラの前に立ち世界中に勇気を届ける姿に、心から敬意を表したい。

誰にも皆、マイケルと同じか、さらに重い病に苦しんでいる友人や親族がいる。その家族たちは、無償の愛で不治の病と勇敢に戦っている。

マイケル、私のいとこスーザン、友人のリサ。彼ら彼女らは重い病で闘病中だ。彼女たちやあなたの友人、家族、親族は、勇気と威厳を持ち、どうやって恐怖と向き合い、障壁を乗り越えるのかを教えている。

マイケルのことは、テレビと映画を通してしか知らない。それでも私はマイケルのことを愛している。同様に病と闘う親族を愛している。逆境に立ち向かう彼らを称賛する。

自分の作品には必ず、変わった人物と堂々としたヒーローを登場させている。あなたに伝えたいことがある。不屈の勇気と精神を持って病と闘う彼らは、現実世界のヒーローだ。

心から敬意を込めて。

記事テーマの原則が分かっただろうか？　この記事を読むことで「ジョン・ロックは堂々としたヒーローを描く作家である」と印象づけられるように構成されているのである。

他の記事と同じく、この記事は時間的な制約がない。マイケル・J・フォックスがニュースに出演する時なら、いつでもツイッターで紹介できる。ツイートには適切なハッシュタグをつけておけば、サーチエンジンにも表示されやすくなるだろう。実例2、実例3の場合であれば、「# Joe Paterno」、「# The Pennsylvania State University」、「# Micheal J. Fox」、「# Parkinson's Disease」といったハッシュタグになるだろうし、あなたが行う時はあなたの記事テーマに合ったハッシュタグを入れてほしい。

ここまでいくつかの具体例を紹介してきたが、少しずつコツが掴めてきたのではないだろうか？　特殊な方法に見えるかもしれないが、これは人間心理に基づいた確実な方法である。繰り返しお伝えしている通り、私のブログ記事やツイートにはすべてシンプルな目的がある。

「読者の信頼を得る方法」をもとにした文章で、私がどんな種類の書籍コンテンツを書いているのかを紹介する。そして、最終的には書籍購入リンクを押すというゴールに導く。

「読者の信頼を得る方法」で共感を得られれば、読者との距離は一気に縮まる。結果として、良好な信頼関係を構築できるのだから、活用しない手はない。

4　ブログをプロモーションする

ブログはニッチ読者を生涯読者へと導く場でもある。電子書籍の最後には、必ずブログのURLを載せる。ブログへのアクセス方法は、電子書籍からのリンク、メールによる告知、ツイッターによる集客の3つがある。

4-1 ツイッターの口コミで見込み客を集める

ツイッターには2種類のフォロワーがいる。私はこれを、「ツイッター友達」、「ツイッター仲間」と分類している。友達は、あなたがチャットする人々でライトな関係。仲間はメールアドレスの交換をし、彼らのことを個別に知っている関係性の人々である。

新しいブログ記事を投稿する時、2、3の簡単なツイートを2万フォロワーへ送ると、何名かの人々がブログに訪れ、リンクをリツイートしてくれる。友達の何名かは返信やアクセスをしてくれるし、仲間には個別にメッセージを送り、リツイートや拡散を手伝ってもらう。数日でツイートが拡散していき、アクセス数も増加する。

ツイートと拡散を繰り返すことでバズが生まれ、広告費をかけずに新しい読者を呼び寄せられるのである。

4-2 ツイッター検索とハッシュタグでバイラルサークル(Viral Circle)をつくる

ブログ記事を投稿する時、さらに多くの人に見てもらう方法がある。例として、先ほどのマイケル・J・フォックスの記事を取り上げよう。方法は2つある。

まず、ツイートする時に使ったハッシュタグ(#Michael J. Fox)を、ブログ記事の中にも入れるのだ。そうすると、ツイッター検索をしている人にも引っ掛かりやすくなる。

次に、マイケル・J・フォックスを話題にしているユーザーが何人かいたら、コメントやリツイートをして取り上げるのだ。その後、「もしよろしければ、私のブログも読んでください。マイケル・J・フォックスについて取り上げています」とメッセージを送る。これを関連するユーザー全員に行うことで、友達を増やしながらブログに多くの読者を呼び込むのだ。

ジョーのブログ記事を書いた後、この方法で100人にコンタクトし、仲良くなった。誰でも分かる内容かつ時間的制約のない記事のおかげで、共通の興味を持ったユーザーにどんどんアプローチできたのである。

以上を継続的に行い、5000人のフォロワーを得ることを目標とする。検索ワードはあなたのブログ記事の内容に合わせて変更すること。この方法が非常に強力なのは、機械的に集めたフォロワーではなく、意思疎通がとれているフォロワーを数多く増やせる点である。さらに、テーマを変えれば新しいユーザーをいくらでも探すことができる。フォロワーがあなたのブログ記事を気に入るなら、コメントを残すか電子書籍を購入するだろう。

前述の通り、私が100人にコンタクトした時、非常に良い流れに乗ることができ24時間で5000人のフォロワーを得た。しかも、彼らは全員ジョーのことを愛している人だったので、私のブログ記事を気に入ってくれ、電子書籍を購入した。そして、その中の大半がシリーズ全作を買うに至った。

4-3 ツイッターユーザーをブログへ呼び込む

4-1で説明した方法で、ツイッターユーザーをブログへアクセスさせよう。

4-4 一見客をブログ購読者に変える

友達のリツイートから訪問した一見客を、ブログ購読者に変える。シンプルで興味を惹かれる記事を読んだ読者は、ブログにたびたび訪問するようになる。一度あなたの文章やトーンを気に入れば、彼らはニッチ読者になるし、そのまま生涯読者になる可能性もあるだろう。

4-5 購読者を書籍購入者に変え、レビュワーに変える

信頼関係を前提としたコミュニケーションを続けていれば、自然と書籍を購入し、レビューや好意的なコメントをくれるようになるだろう。

4-6 生涯読者のメーリングリストに追加する

活動のゴールは、生涯読者のメーリングリストをつくり、更新し続けることである。インディーズ作家にとって、生涯読者のリストほど価値のあるものは他にない。なるべく多くの生涯読者を得ることこそ、ベストセラー作家になる

ための鍵だ。1万人の生涯読者リストを得たら、世界は変わるし、あなたが世界を変えることもできる。

4-7 次回作を生涯読者にメールで告知する

新作が完成したら、すぐに生涯読者リストにメールを送る。彼らは首を長くして待ち望んでいるので、告知を受け取ったらコンテンツを購入するだろう。その時の文面はごく短いもので構わない。信頼関係が築けているので、売り込みすら必要ないのである。文面はこんな感じだ。

「こんにちは。いつもありがとう。今日はついに新作をリリースしたから、紹介するよ。↓ＵＲＬ　この作品はきっとあなたに気に入ってもらえるはずだ。↓ＵＲＬ　それではまた作品の中で会おう。いつも応援してくれてありがとう。心から感謝しているよ。↓リンクＵＲＬ」

メッセージ中に少なくとも二度、時には三度ＵＲＬを入れるのは、いちいちリンクを探さないでも販売ページに辿りつけるようにするためである。私は一日に250ほど送る。次の日また250を送り、名前がなくなるまで送り続ける。生涯読者が数百人いれば、影響は広がっていき、これだけでランキング上位に入ることが可能だ。あなたを全く知らない人が注目するのは、ランキングのトップ100に入ること、ポジティブレビューの数、ある特定ジャンルでランキング上位になること、あるいは2・99ドル以下で本を売ることだ。

5 電子出版する

なるべくお金をかけないで、あなたはすべてを1人で行おうとするかもしれない。だが、それはお勧めしない。すべてを自分でやると、いくつかの間違いによってプロジェクトの進行が遅れ、プランが台無しになる可能性があるからだ（監修者：電子書籍を出すまでに必ずしなければならないことは、以下の通りだ。書籍コンテンツの執筆／表紙画像制作／電子書籍制作／ウェブサイト制作／ブログ制作／ツイッターアカウント開設／その他ソーシャルメディアアカウント開設／販売プラットフォームへの登録／販売管理／販促活動／カスタマーサポート／読者とのコミュニケーション。これらを1人で行うのは不可能だ）。

あなたがすべきことは、他人が代行できない仕事である。それこそ最も重要な要素である。たとえば、販売プラットフォームへの登録や表紙デザイン、電子書籍制作は、任せることができる仕事なので、外部委託すると良い。一方、書籍コンテンツの執筆や、読者とのコミュニケーションは、あなた以外が行うのは不可能である。

私はこのような観点で、各業務を分業化している。作家支援サービスを提供している会社もいくつか存在するので、問い合わせてみるのも良いだろう。決して安くはないだろうが、外部委託する余裕があれば、より多くの時間を執筆や読者コミュニケーションにあてることができる。

5-1 ソーシャルメディアで「仲間の輪」を活性化させる

口コミや見込み客を集めるために、ソーシャルメディアからウェブサイト、ブログに集客する。そうすることにより、「仲間の輪」が活性化し続ける。これらは一度行って終わりではなく、車輪のように回し続けることに意味があるのだ。

要点をまとめよう。ツイッターやフェイスブックなどを活用し、ソーシャルメディア上で口コミを発生させる。そして、あなたのウェブサイトやブログに呼び、メール取得フォームからメールアドレスを残してもらうのだ。その後、定期的に交流を深め、ニッチ読者や生涯読者へと導く。さらに、電子書籍内にもウェブサイトへのリンクを貼っておけば、書籍からあなたを知った人のメールアドレスも取得できる。すべてのアクセスが輪となり、サイクルは回り続けるのである。

6 1〜5のサイクルを繰り返す

一度やって終わりではなく、永続的に繰り返す。気がついた時には、最高のファンに囲まれ、素晴らしい執筆生活を送っているだろう。

人生を変えるブログの書き方

爆発的に書籍が売れるきっかけとなった、ブログ記事の執筆方法について詳しく解説しよう。文字通り「人生を変える」可能性だってあるので、ぜひマスターしてほしい。

あなたは「読者の信頼を得る方法」を使うことで、ニッチ読者から確実な信頼が得られる。はじめは共通のヒーローに向いている信頼が、ブログを読み終わる頃にはあなたに移っているのだ。ブログのタイトルや扱うテーマを通して、あなたと読者の間には感情的なつながりが生まれるからである。

なぜ、私がここまで「信頼」を重要視するかお分かりだろうか？　ビジネスの根幹を支えているのは「信頼」だからである。これは小説を売る場合でも、家を売る場合でも、保険を売る場合でも変わらない。信頼がないと、人は決して好意も共感も持たないのである。逆に言えば、信頼があればどんなものでも売れる。特に欲しいもの、必要なものであれば、確実に売れるのである。

あなたの周りに、ここまで考えて小説を書いている作家はいるだろうか？　おそらくいないはずだ。信頼を得るためにブログを書き、ツイッターでニッチ読者となり得る人たちを見つけよう。あなたのブログテーマを読み夢中になる人は、あなたに共感し電子書籍を購入するだろう。ブログ記事は販売以前の段階でありながら、共感を得てもらう場でもあるのだ。

評論家の中には、私の成功は偶然だったと言う人たちがいる。

価格設定によるもの？　しかし、過去7カ月間にわたり電子書籍を99セントで販売していたが、全く売れなかった。

作品の上手さによるもの？　いや、おそらくあなたの方が上手いだろう。

クリスマスの時期と重なったから？　私の売り上げが８２３％増加したのは、クリスマスの１カ月前であった。

どれもベストセラーの直接の要因とは考えにくい。では、一体なぜ私は成功できたのか？　答えは１つ。本書に書かれているマーケティングシステムを実行したからだ。確かに努力はしたが、報われる努力をした。そして、あなたはその結論部分のみを手に入れているのだから、非常にラッキーだ。

ブログ記事の内容はどのように発想するべきか？　この問いには人それぞれとしか答えられないが、ニッチ読者を掴んで離さないタイプの物語を書く方法なら教えられる。

あなたがこんな書籍コンテンツを書いたと仮定をしよう。

大学を出たばかりの女性がファッション雑誌の仕事に就く。彼女にはフリーターの彼氏と、ワガママな犬のペットがいて、職場の上司は悪魔のように厳しい。そんな女性についてのコメディタッチの書籍だ。

この小説をブログで告知する時、あなたはどんなブログ記事を書くだろう？まず、主人公と似たような経験をしている、18歳から45歳までの女性読者を選ぶ。彼女たちに関するユーモラスで、共感を呼ぶ記事を書くだろう。「似ている」とは、雑誌の仕事をしているという意味ではなく、フリーターの彼氏、キャリアウーマン、ワガママな犬、そりが合わない上司……といった共感を得やすい要素のことである。

「読者の信頼を得る方法」を使うには、『SEX and the CITY』や『プラダを着た悪魔』を引き合いに出すと良いかもしれない。

共感要素がない記事では、決して読者の心を掴むことはできない。記事には、「読者が共感できる要素」が入っている必要がある。これは有名人でも映画でも、本でも何でも構わない。「読者の信頼を得る方法」を活用すれば、あなたは一気に特別なポジションへと移動できるのだ。

ジョー・パターノを心の底から尊敬し敬意を表せば、彼のファンと私は強い結束により結ばれる。その瞬間、彼らの仲間になれるのだ。彼らにとってプラスになる提案をし続ければ、彼らはさらに喜んで力を貸してくれるようになるだろう。

結束した絆は簡単なことでは壊れない。私が批判されれば、仲間は助けに駆けつけるだろう。私に関するポジティブなニュースが発表されれば、喜んで告知を手伝ってくれるだろう。きっかけは何だったか？　そう、ジョー・パターノを愛している、という一点のみだ。それがどれほど凄い威力を秘めているかお気付きだろうか。

あまりに強力な方法ゆえに、悪用してもそれなりの結果が出てしまうだろう。売り上げアップのためだけに、全く好きでもない有名人を祭り上げてはならない。大切な読者を欺くことは絶対にしてはならない。不誠実な行為は、必ず自分に返ってくる。末長く幸せな執筆活動をしたいのであれば、どうか誠実さに基づいて実践してほしい。

売れる見込みがない書籍コンテンツの場合

次に、売るのが難しい書籍コンテンツの例をお見せしよう。ウエスタン小説の読者を集めるために、ブログ記事を書いた時のことだ。読者を定めて、だいぶ対象はニッチに絞られたがまだ課題が残っていた。

1 多くの人はそもそもウエスタン小説に興味がない
2 地味でダサいイメージがある
3 できることが限られており、物語がパターン化しやすい
4 読者が極端に少ない
5 私の既存読者はウエスタン小説には興味がない
6 新規読者を惹きつけるブログを作成する必要がある

これだけの悪条件。専門家は私にウエスタン小説を書かない方が良いと助言したうえで、ＰＡＲＴ１で紹介した間違った出版マーケティング手法を薦めてきた。しかし、私は聞く耳を持たなかった。マーケティングシステムがすでに完成していたので、とにかく試してみることにしたのである。

とは言え、売れる見込みが少ないジャンルを書くのはリスクが伴う。なぜそこまでしてウエスタン小説を書いたのか。それは、幼少時代の気持ちを忘れない読者に対して書きたかったのと、ありふれた古いジャンルに新しい要素を入れてみたかったからだ。だからこそ、私に強く共感してくれる読者が必要だった。

ウエスタン小説における私のニッチ読者を「30～40代の母親・父親」に絞った。そして、彼らに対して「読者の信頼を得る方法」を使ったブログ記事を書くことにした。数日間を費やし、自分の幼少時代を振り返ると、『Kid Colt』というウエスタン漫画にハマっていたことを思い出した。さらに、現代の「30～40代の母親・父親」に対して、何を書けば共感を得られるか考えたところ、

「人は皆、成長するにつれて純粋さを失くしている」ことに気がついた。

これらを組み合わせ、『Kid Colt』を紹介しながら、幼少時代の純粋さを失くした経験を書こうと決めた。伝えたいテーマは「私たち親はどのように自分の子どもを守れるか?」「子どもの純粋さを健全に伸ばすことがなぜ大切なのか?」だ。最後の目的はもちろん、私の本を買うためにリンクをクリックしてもらうことだ。

このような思考プロセスに従って書いた、ブログ記事を紹介しよう。

純粋さを失くした日

投稿日時:2011年3月22日

12歳の頃、近くのコンビニに新しい漫画本が並んでいたのを見て興奮した。

その数年前ようやくドナルド・ダック、キャスパーを卒業し、しぶしぶ

『スーパーマン』『ファンタスティック・フォー』『バットマン』を見ていた。子どもっぽいと笑われるかもしれないが、漫画が大好きだったのだ。

そんな私がどうしても欲しかったのが、『Kid Colt』という子ども向けウエスタン漫画である。Kidはカッコよいガンマンだった。アウトローな男で誤解され、訴えられた彼は町から町を渡り歩き、法から逃げ回っていた。

大切なガラクタ。

土曜の朝8時。友人はまだ寝ている。私はこっそり店に行き『Kid Colt』を探した。急いでレジでお金を支払い、店員と目も合わさずに帰ろうとした。

けれどダメだった。

店員は『Kid Colt』を手にとって、恩着せがましい声でこう言った。

「わー、『Kid Colt』だ！ 彼は12人の男に囲まれて、銃をそこら一面に連発させるんだよね。それで見事全員命中させたんだ！　でも……キミはこのガラクタを買うには、年をとりすぎていないか？」

彼が話している間、心は傷つけられ、身体は震えていた。支払った硬貨を受け取り、「袋はいる？」と聞かれた。私はうなずき、商品を持って一目散に店を飛び出した。彼に弱みを握られてしまった。私は恥ずかしくて本気で悩んだ。一度は家で念願の『Kid Colt』の表紙を開いたが、少し読んで止め、立ち上がり、持っていたすべての漫画本をかき集め、『Kid Colt』とともにゴミ箱に捨てた。私は純粋さを失った。

時は流れ２０１１年。

私は、『Follow the Stone』というウエスタン小説をリリースした。人は口々に言ったものだ。

「ウエスタン小説は廃れている。出版したらこれまでの読者を失うよ」

「もしどうしても出したいなら、ペンネームを変えた方が良いよ！」それでも私は本名で出版した。自分の作品を誇りに思うからである。

数年前、私は息子に新しいおもちゃを買ってあげようと、おもちゃ屋さんに行った。息子に恥をかかせないよう、彼より年下の子どものおもちゃを選ぶフリをした。友達が家に来た時は、箱に入れて隠した。私たちは子どもに、できる限り長く幼少時代を楽しんでほしい。それはあなたも同じ気持ちだと思う。

なぜこんな話をしたかというと、あなたに私のウエスタン小説を友情価格（たったの99セント）でダウンロードしてもらいたいのだ。あなたは『Donovan Creed』シリーズを知っているし、きっと楽しんでもらえると信じている。このウエスタン小説も、同じようにカッコよくて面白い内容だ。登場人物も気に入ってもらえると思う。

『Follow the Stone』はアマゾン・キンドルのウエスタン小説ランキングで、6週連続1位をキープした。ぜひ読んで、あなたが子どもだった頃のワクワクを思い出してほしい。

電子書籍の購入はこちらから↓URL

記事にもあるように『Follow the Stone』は、アマゾン・キンドルのウエスタン小説ランキングで6週連続1位になった一方、総合ランキングでは100位圏外に落ちるところだった。私はブログ記事を書き、漫画本、子ども向けおもちゃ、ウエスタン小説などのタグをツイッターで検索した。これらのキーワードをハッシュタグしている人々を見つけ、彼らに対しブログ記事のURLを記したツイートを送った。さらに2万人のツイッターフォロワーにも知らせ、ツイッター友達と仲間は、リツイートや拡散に協力してくれた。結果、続編を執筆するほど売り上げは跳ね上がった。

あなたが自分の書籍を売り出す時、難しいと感じたらこの事例を思い出してほしい。不可能なことはないし、周りのアドバイスがいかに無責任なものであるかが分かるだろう。

本書の場合

最後に、今あなたが読んでいる本書の告知について考えてみよう。まさに今から私が行おうとしていることだ。

本書は明確な市場を持っており、読者を惹きつけるブログ記事を書く必要がないように思えるかもしれない。もちろん、電子書籍版に関しては、すでに私を知っている読者や作家たちが購入し、告知をしてくれるだろう。

紙の書籍に関してはどうだろう？　もし私がブログの記事で適切な告知を行えば、さらに大きな市場が見込める。その市場とは「作家や作家志望の知り合い」である。紙書籍であれば手渡しできるので、誕生日やクリスマスのプレゼントとしても最適だ。何冊もまとめて購入し、オフラインで勉強会を行うのも良いだろう。市場を想定し、「私の読者は誰で、彼らは何を欲しているか？」を考え、こんなタイトルを思いつく。

「インディーズ作家にとっての、最高のプレゼント！」

そして、ハッシュタグやブログタグを贈り物、クリスマス、クリスマスプレゼント、作家、インディーズ出版、電子書籍、出版、書籍と設定することで非常に多くのリンクを得られるだろう。当然、時間に縛られないので、バレンタインデー、ホワイトデー、連休前などにも応用できる。

記事の内容は私の体験談を織り交ぜながら、感情移入できるものにするだろう。インディーズ作家にとって、最初の本を読んでもらうことがどれだけ難しいか。ベストセラー本を出すにはどうすればいいか。そして、私がこれまで受けてきた質問を紹介し、その回答として本書を見せるだろう。ここまで読んだブログ読者は、自分の好きな作家のことを頭に浮かべているはずなので、プレゼントとして贈る提案をする。

重要なのは、見せ方次第で同じものを別のターゲット層に販売することができる点だ。ぜひ参考にしてほしい。

実践こそ成功の鍵

ここまで、ブログ活用に関する様々な考え方、方法論をお伝えしてきた。読んで満足するのではなく、必ず実践に活かしてほしいと願っている。はじめの数回でいきなりホームランを打つ必要はない。実践することで私が本当に意図していること、効果がより深く理解できるだろう。これは行った人にしか分からないものだ。

ノウハウ本には、著者にしかできないこと、特定のタイミングでしか再現性のないことを、誰にでもできるかのように説いているものがある。本書を書くにあたっては、決して机上の空論にならないように心掛けたつもりだ。私には作家として何のキャリアもなかった。人脈、コネもなかった。アドバイザー曰く才能もなかった。かけられるお金もなかった。まさに徒手空拳だったのだ。

ではなぜ、私は成功できたのか？　答えはシンプルで、実践したからだ。インディーズ出版開始直後に言われた「絶対無理ですよ」の言葉を真に受けていたら、あなたが本書を読むことはなかっただろう。本書の内容に感化され、最初の一歩を踏み出してくれるなら、本書は何百万円もの価値のある書物となるだろう。

　もう一点、本書の手法は一過性のテクニックではない。今後、何十年にもわたり活用できる方法である。なぜなら、あくまで読者との信頼関係を構築することを目的としているからだ。これはビジネスの原理原則でもある。

　人は、信頼している人からモノを買う。紙に書いて机に貼っておいても良いぐらい重要なコンセプトだ。

謝辞

ここまで、私が実際に行ってきたすべてをお伝えしてきた。これらの方法を実践すれば、本書の価格分はすぐに稼げるだろう。

私は何度も、自分が忙しいことに愚痴を言ってきたが、あなたがこれから経験することを聞けばワクワクするだろう。

あなたは繰り返しの大事さを知っている。

私のウェブサイトやブログ（www.DonovanCreed.com）に飛んで、コンタクトボタンをクリックしたり、ブログを購読してくれることを望む。

あなたはそこで、2つの投稿を見るだろう。1つは「Break Some Rules!（ルールを破れ！）」、もう1つは「Bad Reviews！（悪いレビュー）」と題した。このブログ記事は特定の商品を売るために書いたわけではないが、私の作家友達への助言となるものだ。あなたは私の考え方を知っているし、ブログのアプローチや、私が執筆する記事に期待しているはずだ。

もしあなたがこれからも購読してくれるなら、非常に素晴らしいことだ。その行動は、本書があなたにポジティブな影響を与えたことの証明になるだろう。しかし、たとえあなたがその行動を選ばなかったとしても、私たちは友達でいられると信じている。

あなたの成功をいつも祈っている！

ジョン・ロック

ジョン・ロック作品一覧

ドノヴァン・クリード(Donovan Creed)シリーズ

２０１２年６月現在、シリーズ９作が出版。元ＣＩＡの暗殺者Donovan Creedが活躍する小説。主人公は正義感に満ち、賢くセクシーな男。一方、女性には弱い。コミカルな要素もあるエンターテインメント犯罪小説。魅力的な登場人物と、驚きの展開から目が離せない。

『Lethal People』（２０１０年３月）
『Lethal Experiment』（２０１０年３月）
『Saving Rachel』（２０１０年３月）
『Now & Then』（２０１０年４月）
『Wish List』（２０１０年９月）

『A Girl Like You』（２０１１年３月）
『Vegas Moon』（２０１１年４月）
『The Love You Crave』（２０１１年７月）
『Maybe』（２０１１年12月）

エメット・ラブ（Emmett Love）シリーズ

２０１２年６月現在、シリーズ３作を出版。ウエスタン冒険物。魅力的な花嫁と、売春婦でいっぱいの荷馬車で西部を旅する。早打ちガンマンと偵察兵についての心優しい陽気なストーリー。主人公たちの恋の行方から目が離せない。第３作目『Emmett & Gentry』には、Donovan Creedの祖先が登場する。

『Follow the Stone』（２０１１年２月）
『Don't Poke the Bear』（２０１１年５月）
『Emmett & Gentry』（２０１１年９月）

ダニ・リッパー（Dani Ripper）シリーズ

若く美しい私立探偵ダニ・リッパーが活躍する探偵小説。おとり捜査や浮気調査の最中に起こる様々な事件を描く。

『Call Me』（２０１１年11月）

ドクター・ギデオン・ボックス（Dr. Gideon Box）シリーズ

ドクター・ギデオン・ボックスは、世界で最も優秀な外科医である。しかし、その裏には……。病院を舞台に一見まともな外科医が患者に毒牙を向けるスリル満点の小説。

『Bad Doctor』（２０１２年４月）

ノンフィクション
『How I Sold 1 Million eBooks in 5 Months!』（２０１１年６月）

あとがき

本書を届けられる日が来たことを、本当に嬉しく思っています。

私は一般社団法人ＥＷＡという団体を通して、日本の電子書籍文化をマーケティング視点から支援する活動をしています。その活動の過程で、ジョン・ロック氏の本作に出会い、日本版を出版するに至りました。

内容を読んだ瞬間から、「本書を必ず日本にも伝えたい！」と思っておりましたので、ついに実現した今、深い感慨にふけっております。

ジョン氏が構築した方法論は、信頼関係をベースにしており一過性のテクニックではありません。流行り廃りにも左右されません。さらには、電子書籍販売のみに限らず、あらゆるビジネスや表現活動に応用することができます。

数年前から「電子書籍元年」と騒がれていましたが、今後、電子書籍は「ブーム」ではなく、新しい「文化」として定着することは間違いありません。

そうなった時、私たちはますます、世界に対しての情報発信が容易になります。

しかし、電子書籍といえども、単に出版しただけでは埋もれてしまいます。素晴らしい内容であっても、適切なプロモーションを行わなくてはならないのです。あなたが電子書籍を出版をする際には、ぜひ本書の内容を活用してください。

気負う必要はありません。インディーズ出版とはつまり、あなたに共感する仲間を探す活動のことです。単なる販売活動ではないのです。実践すればするほど仲間は増え、あなたの電子書籍も売れていきます。

本書を参考に先行して準備をしておくことで、さらに大きな成功を掴めるでしょう。

本書は電子書籍ビジネスの方法論を伝える内容でありながら、紙でも出版されるという不思議な性質を持っています。しかし私は、電子書籍に深く携わっているからこそ、紙書籍の利便性、魅力を強く実感しています。本書にもありましたが、紙書籍はプレゼントに向いています。ぜひあなたの大切な人にも、本書をプレゼントしてあげてください。

今後日本でも、本書の内容を活用し、１００万部の電子書籍を販売する著者が誕生することを、心待ちにしています。それは、あなたかもしれません。ぜひ今すぐ実践してみてください。あなたの成功を心から応援しています。

本の街 神保町にて

監訳者 細田 朋希

購入者特典　「電子出版ビジネスバイブル（特別編集版）」をプレゼント！

本書の購入者特典として、電子書籍のマーケティング教材「電子出版ビジネスバイブル（特別編集版）」をプレゼントいたします。

左記のプロモーションIDとパスワードで、特設サイト（http://www.1000000ebook.com/）よりアクセスダウンロードしてください。

ID：johnlocke

PASS：bestselling

お知らせ　「実践ですぐに活用できる特別情報」を無料ダウンロード！

電子書籍ビジネスのポータルサイト「電子書籍のルール」（http://www.leadconsulting.jp/ebook）で、監修者の小谷川拳次による「実践ですぐに活用できる特別情報」を無料ダウンロードしていただけます。

著　者

ジョン・ロック（John Locke）

アマゾン・キンドルベストセラー作家、ニューヨーク・タイムズベストセラー作家、実業家。

インディーズ作家として世界で初めて「アマゾン・キンドル総合ランキング」１位を獲得、累計100万部以上の電子書籍を販売している。著書にミステリー小説のドノヴァン・クリード（Donovan Creed）シリーズ、ウエスタン小説のエメット・ラブ（Emmett Love）シリーズなどがあり、いずれも大ヒットを記録している。もともと小説家ではないうえ、短期間でミリオンセラーを達成したことから世界的に注目されている。

監修者

小谷川　拳次（こたにがわ・けんじ）

LEAD CONSULTING PTE. LTD. 最高経営責任者。経営コンサルタント。

ネット集客のエキスパートとして、300社以上の企業に対してネットマーケティングに関するコンサルティングを行い、ソーシャル・レスポンス・マーケティングの第一人者として活躍。著書に『Facebookでお客様をどんどん増やす本』（中経出版）がある。

監訳者

細田　朋希（ほそだ・ともき）

一般社団法人EWA代表理事。e文楽（株）代表取締役。

携帯電話ビジネス企業、ネットビジネス企業を経て、2010年より個人向け電子書籍ビジネス市場に参入。主にマーケティングの観点から支援を行う。2011年電子出版ポータルサイト「文楽」をオープン、企画・開発・運営に携わる。

翻訳者

大竹　雄介（おおたけ・ゆうすけ）

翻訳家。東京理科大学大学院修士課程卒業後、メーカーにて半導体製造・設計、ビルの省エネルギーデータ集計支援、医療機器の開発支援などを行う。オーストラリアでのバックパッカー生活の後、フリーランスとして主に企業に対しての翻訳支援を開始、活動を行っている。

電子書籍を無名でも100万部売る方法

2012年12月20日　発行

監修者　小谷川拳次《こたにがわけんじ》
監訳者　細田《ほそだ》　朋希《ともき》
訳　者　大竹《おおたけ》　雄介《ゆうすけ》

発行者　山縣裕一郎

〒103-8345
発行所　東京都中央区日本橋本石町1-2-1　東洋経済新報社
電話　東洋経済コールセンター03(5605)7021

印刷・製本　藤原印刷

〈検印省略〉落丁・乱丁本はお取替えいたします．

Printed in Japan　ISBN 978-4-492-04480-3　http://www.toyokeizai.net/